秋田大学教育文化学部附属小学校

授業改革への挑戦

算数・理科編

新学習指導要領を見通したあたらしい提案

一莖書房

はじめに

阿部　昇
秋田大学教育文化学部附属小学校校長

　秋田大学教育文化学部附属小学校は、今年で創立136年目になります。
　その長い歴史の中でも、ここ数年は特に授業研究に対する「熱」が高まっています。2009年6月の公開研究協議会には、全国から500人を越える先生方においでいただき熱い論議を展開しました。その際の21人の先生方の授業はいずれも問題提起性の高い先進的なものでした。
　秋田大学教育文化学部の先生方との連携の強さも、附属小学校の授業研究の特長の一つです。公開研究協議会はもちろんですが、日常的に大学教員が附属小に出入りし共同研究が日々進められています。
　そういった授業研究の成果を具体的にまとめたものが、この『秋田大学教育文化学部附属小学校・授業改革への挑戦』(全4冊)です。

＊

　附属小学校では2009年から「かかわり合い」と「言語」を鍵として授業研究を展開してきました。
　「かかわり合い」は、話し合い・意見交換をはじめとする子ども相互の集団的な学び合いのことです。「かかわり合い」によって子どもたちは異質で多様な見方・考え方に触れることができます。また「かかわり合い」によってそれまで気付かなかった新しい見方・考え方を創造的に発見することもできます。OECDのPISA(生徒の学習到達度調査)や全国学力・学習状況調査の「B問題」では、新しい学力が要求されていますが、「かかわり合い」はそれらに対応する豊かな思考力・判断力・表現力を育てることに確かにつながります。
　2008年に告示された新学習指導要領では、「言語活動」が「総則」に位置付けられました。ただし、「言語」は「活動」だけでなく「言語に関する能力」という形でも「総則」に位置付けられています。「言語」

を「活動」のみで捉えるのではなく、それを含みつつ「言語」という観点を教材研究や教科内容研究にも生かしていく必要があると考えます。

「言語」という観点を明確にもつことによって、国語はもちろん、社会科でも算数でも理科・生活科でも音楽・図工でも家庭科でも体育でも、今までにない新しい教材研究が展開できるはずです。また、子どもたちに身に付けさせるべき教科内容の研究も、新しい側面を見せ始めます。社会認識・自然認識は、結局は「言語」によります。算数・数学的認識も数値を含む「言語」が鍵です。音楽・美術（図工）・体育などの芸術・身体活動でも、「内言」と「外言」とが深くかかわりながら感性・思考・自己認識を高めています。

本書は、附属小学校の授業実践を具体的に示しながら、「かかわり合い」と「言語」を重視した新しい授業づくりの在り方を提案しています。「教材研究」「単元計画」「授業案」も提示しています。そして秋田大学教育文化学部の教員による授業解説が続きます。附属小学校が教科内容として解明してきた「資質・能力表」も位置付けました。

＊

全国の附属学校園が「モデル校」「拠点校」としての役割を果たすべきことが最近求められています。秋田大学教育文化学部附属小学校では、「モデル校」「拠点校」として、この『授業改革への挑戦』全４冊を秋田県そして全国に発信します。この４冊による問題提起は、間違いなく日本の授業研究に一石を投じるものになると自負しています。

本書の刊行のために現副校長の大島博子先生、前副校長の山岡正典先生に温かいご支援をいただきました。また、本書の刊行につながる公開研究協議会では、秋田県教育委員会及び総合教育センターの指導主事の先生方、秋田市の小中学校の先生方、秋田大学教育文化学部の先生方、そして豊田ひさき先生（中部大学）に丁寧なご指導をいただきました。この場を借りて諸先生方に感謝を申し上げます。

刊行に寄せて

豊田ひさき
(中部大学教授)

　待望の書『秋田大学教育文化学部附属小学校・授業改革への挑戦』が刊行される。しかも、国語、社会、算数、理科、音楽、図工、体育の7教科にわたって、低・中・高学年を網羅した4冊同時である。このこと自体、偉大な挑戦であり、まさに附属小学校の「力」を象徴している。

　わたしが秋田大学教育文化学部と本格的な関わりをもったのは、平成17年度の「大学・大学院における教員養成推進プログラム」に関する総括研究会で基調講演を依頼されてからである。学部・大学院での教員養成と現職教育を統合した大学教員、指導主事、附属・公立小中学校教員が協働する新しい教師教育システムが開発され、広くそのネットワークが張り巡らされている話を聞き感動を受けたことを今でも鮮明に覚えている。以来、わたしは、秋田県教委、附属中学校、そして附属小学校（2回）と毎年のごとく秋田に招かれ、その度に秋田大学の阿部昇教授が附属小の先生方を交えた研究会をもってくださった。阿部教授とお会いし、いつも話題になるのが、附属小学校の授業改革であった。

　秋田大学附属小学校の授業改革は、戦前の生活綴り方教育実践にまで遡る貴重な遺産の上に、長年にわたって営まれてきた。最近注目を浴びている学力日本一の秋田県公立小中学校との継続的な研究交流も大きな意味をもつ。このような稀有で豊かな「つぎ台」に、授業研究の第一人者である阿部昇校長と附属小の先生方が、「かかわり合い」と「言語」という二つの研究テーマを「つぎ穂」した。「かかわり合い」によって創りだされる主体的で豊かな学びを実現する「学習集団づくり」と、子どもも教師も「ことば」にこだわることでより深い追究が可能になるという考えに基づく「言語と核とした授業づくり」という先進的なテーマである。それが見事に実って出来上がったのが、本書4冊である。

附属小の授業改革は、「かかわり合い」と「言語」を二本柱に据え、どの教科においても、子どもたち自らが課題意識や問題意識をもって授業に臨める能力の定着・育成をめざしている。優れた「問い」を発見できること自体を一つの学力と捉えるこの思想は、かつてデューイが唱えた「問題の自己提起能力」を起源とし、最近の学力調査で世界的に注目されているいわゆるＢ型学力、さらには新学習指導要領で強調されている「習得・活用・探求」活動の統一とも深くかかわる。

　一人のつぶやきが、みんなでのつぶやきの聴き合いになり、一人のつまずきが、みんなでの課題解決のし合いになる授業。一人の問題発見がみんなでの問題解決に練り上げられていく授業。そんな授業を教師の鋭い教材解釈で展開していくのが、附属小の授業改革であり、このような授業改革に向かって教師集団が切磋琢磨し合っているのが、附属小の授業研究の特色である。

　「言語」を重視するということは、たとえば理科で事典を片手に自分の考えを述べ合う、算数で分数÷分数は割る側の分数の分子分母をひっくり返して掛けて答えを出す、という浅薄な理解で終わるような授業をよしとしないということである。その課題・問題の「わけ」を子どもたち全員を巻きこんだ集団的な学び合いによって追究していく。その過程で、「できる」ことと「分かる」ことが統一される。この授業法は、音楽、図工、体育の教科にも広がっていく。その有様が、この４冊にまとめられている。各冊では、そこでの事例を普遍化する説得力のあるコメントがタイムリーに打ち込まれており、読者は、あたかも自分が附属小の授業研究に参加しているような臨場感を味わうことができる。

　多くの学校やサークルで本書を読み合い、批評・吟味し合いながら、皆様方自身の授業改革運動を立ち上げていかれることを願う。本書４冊は、現職教員や教師をめざす学生に、きっと授業改革へ向けた新たな一歩を踏み出す勇気を与えてくれる、とわたしは確信している。

目　次

はじめに ……………………………………………………阿部　　昇　2
刊行に寄せて ………………………………………………豊田ひさき　4

Ⅰ　附属小学校の授業研究 ………………………………阿部　　昇　8
　　　　　　　　　　　　　　　　　　　　　　　　　　木谷　光男

Ⅱ　附属小学校の「算数」…………………………………稲岡　　寛　20
　　　　　　　　　　　　　　　　　　　　　　　　　　伊藤由美子

Ⅲ　算数の授業

　1　数学的な表現をもとに数学的な思考力を深める
　　　――4年生・小数について考えよう
　　　　　　　　　　　　　　　………………………稲岡　　寛　27

　2　問う心がわき起こる算数の授業
　　　――6年生・かさを調べよう（体積）
　　　　　　　　　　　　　　　………………………伊藤由美子　60

　3　量と感覚を大事にする算数の授業
　　　――6年生・単位量当たりの大きさ
　　　　　　　　　　　　　　　………………………伊藤由美子　92

〈秋田大学教員による授業解説〉
　算数的活動に伴う学習者の知的な成長 ……………… 杜　　威　127

算数科の資質・能力表 ……………………………………………………… 138

Ⅳ　附属小学校の「理科」……………………………… 髙橋　健一　140

Ⅴ　理科の授業

　1　実感を伴った理解を促す授業づくり
　　　──4年生・体が動く仕組みを調べよう
　　　　　　　　　　　　　　……………… 髙橋　健一　149

　2　問題解決の楽しさと学びの価値を実感する
　　　子どもの姿をめざして
　　　──5年生・砂に混じった食塩を取り出そう（物の溶け方）
　　　　　　　　　　　　　　……………… 武石　康隆　179

〈秋田大学教員による授業解説〉
　キーワードの重要性
　　──子どもたちの自然を見る眼をいかに拓くか
　　　　　　　　　　　　　　……………… 藤田　静作　209

理科の資質・能力表 ……………………………………………………… 220

I　附属小学校の授業研究

1　「かかわり合い」と「言語」——二つの研究の重点

　附属小学校では、「かかわり合い」と「言語」という二つの研究の重点を設定し、研究を進めている。子ども一人一人の豊かな学びの姿を大切にするとともに、仲間とかかわり合いながら学ぶことを重視する。子ども一人一人の学びを変容させ豊かにするためには、かかわり合いが重要な意味をもつ。また、新しい学習指導要領「総則」に「言語活動」「言語に関する能力」が位置付けられたが、すべての教科で「言語」という観点を重視することで、新しい授業づくりが可能となると考えた。

2　課題意識・問題意識をもてる豊かな学び

　「かかわり合い」「言語」の前提として、子どもたちの課題意識・問題意識について、まず考えてみたい。
　豊かな学びを展開するためには、まずは子どもたちが自ら課題意識や問題意識をもち、自主的・自発的な学習をする指導が不可欠である。よりよい課題意識・問題意識をもつことができること自体が、学びでは重要な意味をもつ。優れた「問い」を発見できること自体が、一つの学力と言える。
　本校では、子どもたち自身が問題意識・課題意識をもつことができることを、重視している。
　子どもたちはうまく課題・問題を見付け出すことができないことがあ

るが、教師の助言や友達との対話の中で、少しずつ質の高い課題意識・問題意識をもつことができるようになる。教師は、子ども一人一人に課題意識や問題意識が生まれるよう、魅力ある教材を提示したり、あえて子どもが戸惑うような出来事を提示したり、子ども相互で対立している意見を意識的に取り上げ投げかけたりしていかなければならない。

　課題意識や問題意識をもったとしても、なかなか満足のいく成果が出ないことが少なくない。しかし、そのことがむしろ子どもたちを高める契機となる。子どもが立ち止まったり回り道をしたり引き返したりする試行錯誤の中で、子どもは新しい発見をし、新しい知識を獲得し、新しい認識の仕方を身に付ける。それが、この後述べる「かかわり合い」「言語」につながる。

3　「かかわり合い」が学びを創造的にする

(1) 「かかわり合い」は学びをどのように高めるのか

　課題意識・問題意識をもつ際に、子ども相互の対話が意味をもつと述べたが、さらに課題追究過程でも、この対話・かかわり合い・学び合いが重要な意味をもつ。学びは個から始まるものの、個の学びだけでは限界がある。仲間との出会いが学びを深めてくれる。

　第1に、グループや学級全体で意見交換をすることで、課題に対する様々な見方に触れることができる。それだけでも、大きな価値がある。「こんな考え方もあるのか。」「なるほど、そういう見方をすると、よく分かる。」といった広がりである。

　第2に、意見交換によって、自分の理解・認識の優れた点、不十分な点が見えてくる。そして、理解・認識を深めていくことができる。自分では「分かった」つもりになっている子どもに、ある子どもが「この場合には当てはまらないのではないか」と問いかける。「分かった」つも

りになっていた子どもや、当然そうだろうと思っている子どもたちが、その子どもの問いかけによって、再び思考と判断を繰り返し、高まっていく。

　第3に、見方の対立がある場合は、それが契機となって自分にはなかった見方を獲得することができる。AかBか、白か黒か、それは一つの解釈として納得できるかできないか、などである。それをめぐって討論が展開され、ある時は意見の変容が生まれ、ある時はさらなる難しい課題が見えてくることがある。また、平行線が続き、とまどうこともある。しかし、そのとまどいから新たな発見が生まれてくる。

　第4に、意見交換、対話、討論をしながら学びを展開していく中で、それまで誰も考えていなかった新しい見方・考え方が生まれてくることもある。異質な見方があるからこそ生まれる創造的発見である。AとBが互いに考えを伝え合ったり、討論していく中で、互いの考えに広がりや深まりが見られるようになるだけでなく、それまで見えていなかったCという新たな見方・考えが生まれ出る。弁証法的な思考過程が生じていくのである。

　第5に、これらの追究過程で、見方・考えが広がり創造されるだけでなく、新たな知識・方法も身に付いてくる。「○○と○○を比べたことでよく分かった。」「どちらもよかったが、Aの考えの方が簡潔で分かりやすい。」「より分かりやすい説明の仕方が分かった。」また、新たな課題が見えてくることもある。「ここはよく分からなかった。次の課題としよう。」「そうだとすると、ここもなぜそうなるかを考えないといけなくなった。」それらの過程で子どもたちは、思考力・判断力・表現力を向上させていく。

(2)「かかわり合い」の指導のポイント

　創造的で豊かな「かかわり合い」は、質の高い教師の指導によって生

まれる。その指導のポイントについて述べたい。

　第1に、子どもが相互に意見を交換し、異質な意見を出し合いながら、かかわり合っていくことができるだけの、仲間意識、集団意識、信頼関係を育てていくことが重要である。その意味で、学級経営、学級集団指導が、かかわり合いの重要な基盤となる。

　第2に、子どもたちに仲間とともに追究してみたい、解決したい、と強く思うような課題意識・問題意識をもたせることである。そのために、教師は深く豊かな教材研究と子ども把握をしていく必要がある。教材研究が甘ければ、いくら「かかわり合い」の指導を周到に行っても、かかわり方に限界がくる。共同研究によって多面的な教材研究を展開していく必要がある。もちろん先行実践・先行研究との対話的研究も必須である。また、一方では子ども一人一人に寄り添い子どもを丁寧に見取り、その興味・関心、思考過程を多様に予測していく必要がある。

　子ども一人一人の学びの見取りを基に、かかわり合いの場を創造し、かかわり合いによって子ども一人一人の学びを豊かにしていくには、単に学習形態を工夫すればよい、かかわり合いの場を設定すればよいというわけではない。教材の本質を捉えた分析や、教材に対する子どもの学びの予想、子どもたちの問題意識の共有化、一人一人の学びをどのようにつなげていくのかなど、周到な準備がなくてはならない。

　第3に、到達点を明確に設定することである。展開されるかかわり合いによって、子どもの中にどのような新たな認識方法、ものの見方・考え方、知識などが身に付き創造されるのか。教科固有の内容を確かに捉え、到達点を明確に設定する必要がある。その上で、教師がどのような意図の基に、単元を構想し、学習過程を組み、何を取り上げ、かかわり合いの場を設定したのか、そして、それは子どもたちの学びを豊かにするために効果的であったのかなど、子どもの学びの事実を積み重ね、真摯に実践を見つめていく。そうすることで、かかわり合いの場における

教師の働きかけが明らかになり、子どもたちにとってのかかわり合いの場が意義あるものになる。
　第4に、かかわり合いを、「個」⇔「グループ」⇔「学級全体」のダイナミズムの中で構造的に展開することである。この三つを重層的に繰り返しながら、子どもたち一人一人は、質の高い学力を身に付けていく。これは、歴史的に見れば、人間が新たな「知」を創造し発見する過程を追試している過程とも言える。それを、教師は限られた時間・空間の中で再現し、発展させていく必要がある。

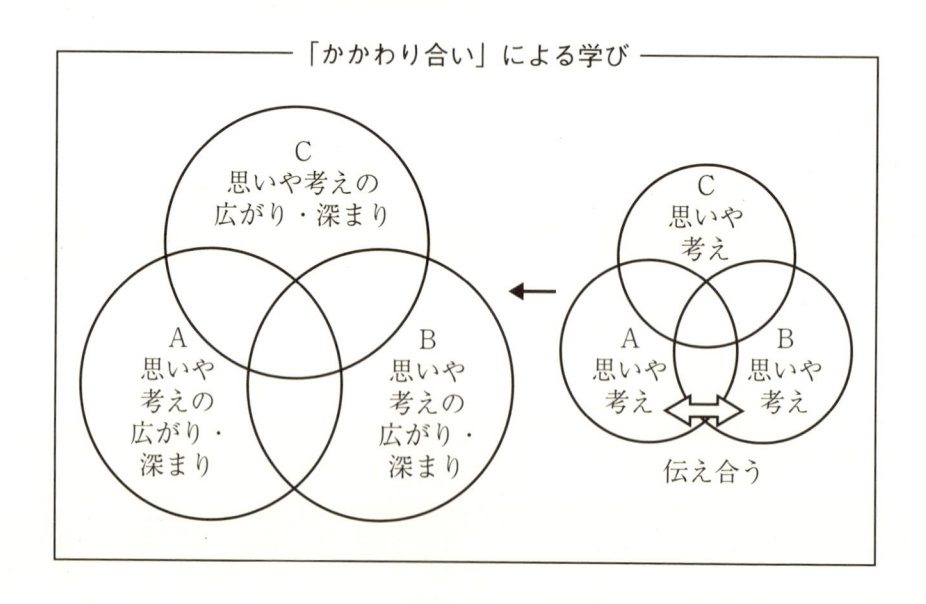

―――――「かかわり合い」による学び―――――

4　「言語」を核とした授業づくりの展開

(1) 教科指導において「言語」のもつ意味
　思考力・判断力・表現力を育む観点から、文章や資料を読んで自分の考えを論述する活動や、法則や意図などを解釈し説明する活動、実験や

観察の結果をまとめる活動、互いの考えを伝え合い学びを深める活動、体験から感じ取ったことや仲間から伝達されたことを表現するなどの言語活動の充実が必要とされている。しかし、言語活動において十分に配慮しなければならないことは、「活動あって学びなし」という活動主義に陥いらないことである。

そこで本校では、教材研究段階から教科内容としての「言語」、教科内容の理解や獲得につなげるための「言語」を明らかにし、学習の中で着目していく。このことにより、言語活動も充実し、さらに学びが豊かになると考えている。

これまで「言語」に着目した学びを先取りした実践が本校では数多くあった。国語であれば、説明的文章において、説明したい事柄を分かりやすく読み手に伝えるための工夫を、「段落相互の関係」という言語に着目し、事柄の内容にふれて考え合うことで読み取った。また、物語文においては、様々なレトリック（修辞法）や構造上の仕掛けに着目し、子ども一人一人の解釈を出し合い確かめていくことで物語のおもしろさを読み味わった。算数であれば、たし算の学習において、「増加と合併」という言語に着目し、ブロックの操作を通してその違いを体験しながら、「かたてでがったい」、「りょうてでがったい」というように、子どもたちは、その発達段階に応じた言葉で理解した。音楽であれば、「短調から長調に変わる調性の変化」という言語に着目し、楽譜上の音符の動きに目を向けることで、曲想表現のコントラストが明確になり、演奏する活動を一段と楽しいものにしていった。

このように「言語」に着目した学びの充実を図ることで、言語活動やかかわり合いによる追究も深まり、子ども一人一人の学びが豊かになっていく。

(2)「言語」に着目した指導のポイント

　「言語」に着目した指導を行うためには、様々な配慮が必要である。

　第1に、授業計画段階において、教科内容の具体的把握につながっていくような言語という観点を重視した教材分析が必要となる。言語を意識することで、これまで見過ごしてきた教材の本質が浮かび上がってくる場合が少なくない。

　そして、目の前にいる子どもたちに、どのような言語で伝えていくのか、その結果、どのような反応が返ってくるのか、どのような反応を授業の軸とするのか、どうつなげていくのかを多様に予想し、確かにしておく必要がある。すなわち、教師の発する発問や語り、指導における言語など教師の働きかけを十分に検討しなけれなければならないのである。

　第2に、授業実施段階において、着目した言語を基にして、子どもたちの反応を繊細なアンテナでキャッチし、授業の軸を見い出していくことが重要である。そして、教科内容の理解や獲得につなげるために、子どもたちの発達に応じた言語を用いて働きかけていくのである。そして、子どもたち自身に個のレベルでもかかわり合いでも、言語を意識化させる必要がある。さらに、着目した言語を意識したふり返りの場面を設定することで、教科内容の理解や獲得をより実感させることにつながる。

(3)「言語」を重視した教科研究の在り方

　たとえば国語で「言語」の観点を重視するとはどういうことか。

　「魚の感覚」(末広恭雄)という小学校5年生の説明的文章教材がある。このタイトルは、普通であれば「さかなのかんかく」と読んでいいはずである。しかし、筆者はあえて「魚」に「うお」というルビをふっている。同じ漢字でも「さかな」と「うお」とでは、その意味に差異がある。「さかな」には「食べるものとしての、うお」、「うお」には「動物」などの説明がある。そして、「さかな」は主に食べるものとしての魚、「う

お」は生物としての魚、という意味で使われることが多いことが見えてくる。筆者は、この文章は食べ物としての魚について述べたものではなく、生物としての魚について述べたものであることを明示したいために、あえて「うお」とルビをふった可能性が高いことが予測される。文章の表現、仕掛け、構成・構造、差異性など、言語の在り方にこだわることで新しい国語の授業の可能性が見えてくる。

　これまでの社会科では言語の「表現」という観点での教科内容、教材研究等を追究するということは少なかった。たとえば歴史では、語彙選択と事実の取捨選択が重要な意味をもつ。「義和団の乱」が1899年から1900年にかけて中国で起こった。これは、歴史として異論を挟む余地がないかのように思える。しかし、「義和団の乱」という言語の表現そのものに、様々な課題が隠れている。それは「義和団運動」などという表現と比べてみれば一目瞭然である。その追究なしに、教材研究を行い教科内容を考えていくことで新しい社会科の授業の可能性が生まれる。

　理科では、実験・観察を行う。そしてその結果を言語化し、それに基づいて考察を行っていく。当たり前のことかもしれないが、実験・観察結果の言語化には表現と出来事に関する取捨選択の過程がある。しかし、これまでその要素は、十分に意識されていたとは言い難い。実験・観察のデータの取捨選択という観点を意識することで、理科の授業の新しい可能性が見えてくる。

　算数・数学でも、たとえば分数÷分数の計算は、若干の解説を教師がしただけで、要するに分数÷分数の場合は、割る側の分母と分子をひっくり返して掛ければいいのだ、ということで終わる場合が少なくなかった。これからは、その理由を面積図や数直線等を駆使しながら、言葉で周りの友達に分かりやすく説明することが求められるようになる。説明という言語行為を通して、子どもたちは、その算数・数学的な見方・考え方を学んでいく。この過程は、分数÷分数ができるようになるための

手段などではない。その過程そのものが、算数・数学の教科内容そのものと言える。
　音楽は、音の響きであるが、その音の響きを私たちが心地よいものと感じたり、心を揺さぶられたり、はっとしたりするのは、私たちがその音の響きと対話しながら、それを読んでいるからである。私たちは意識・無意識は別として「内言」によって音の響きを読んでいるのである。実際の教材研究や教科内容の確認、そして授業過程は、「内言」を「外言」として捉えながら進行する。学習指導要領中の「楽曲を聴いて想像したことや感じ取ったことを言葉で表す」という言語活動は、この内言の働きを外言化し、自ら意識したり、それを交流し合ったりすることで、より豊かな音楽的感性を身に付けていくのである。
　絵画も、また対話である。私たちは、絵画と対話しながら絵画形象を読んでいる。人物の表情や色彩、線の運び、全体の構成・構造等を、内言で読みながら、マチスの「ダンス」に楽しさを感じ、ロートレックの「ムーランルージュ」のシルエットと色彩に快感をもつ。学習指導要領中の「感じとったことや思ったことを話したり、友人と話し合ったりするなどして、表し方の変化、表現の意図などを捉えること」（図画工作）という言語活動も、内言の外言化という要素を含んでいる。
　音楽・美術のみならず、思考は内言によって展開されている。すべての教科について、外言としての言語の力が付いていくことで、内言としての言語力、つまり思考力・認識力が付いていく。

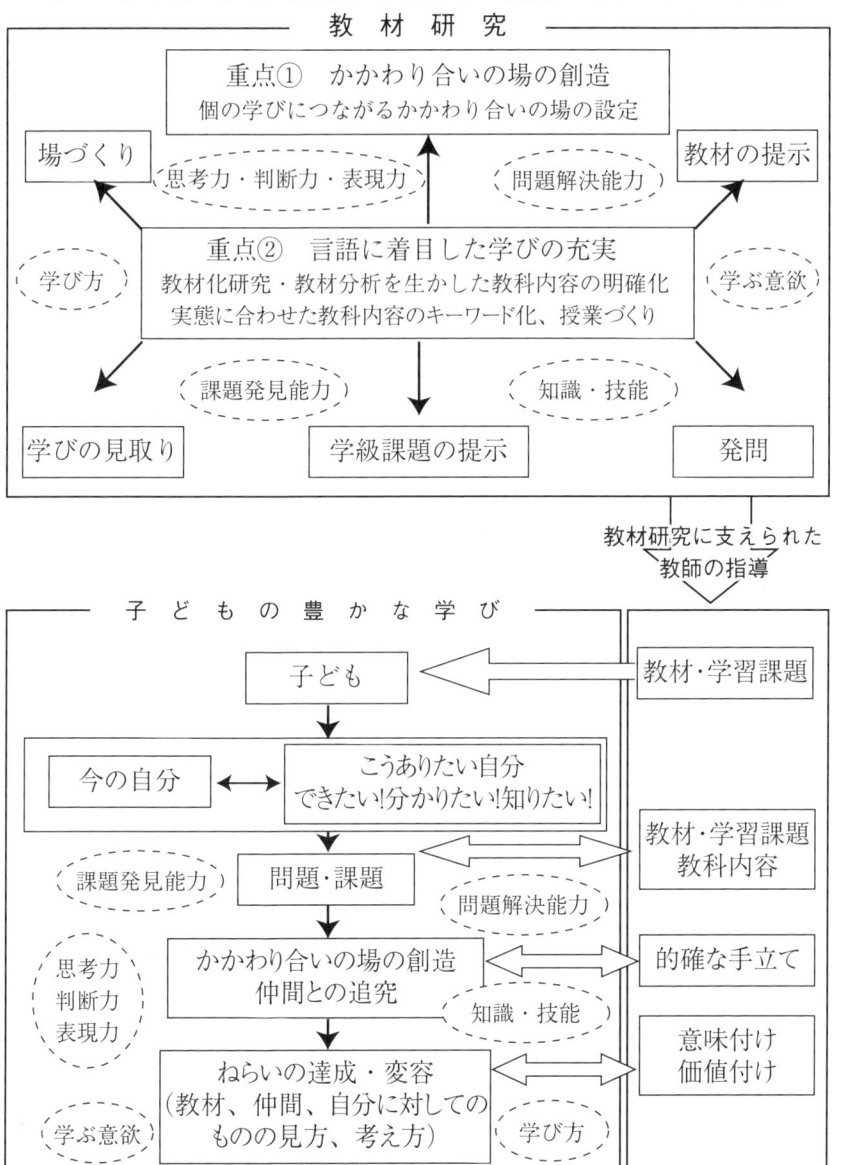

Ⅰ 附属小学校の授業研究

「かかわり合い」と「言語」を核とした授業づくりのイメージ図

教 材 研 究

重点①　かかわり合いの場の創造
個の学びにつながるかかわり合いの場の設定

重点②　言語に着目した学びの充実
教材化研究・教材分析を生かした教科内容の明確化
実態に合わせた教科内容のキーワード化、授業づくり

- 場づくり
- 教材の提示
- 学び方
- 学ぶ意欲
- 学びの見取り
- 学級課題の提示
- 発問

（思考力・判断力・表現力）（問題解決能力）（課題発見能力）（知識・技能）

→ 教材研究に支えられた教師の指導

子どもの豊かな学び

子ども ← 教材・学習課題

今の自分 ⇔ こうありたい自分　できたい！分かりたい！知りたい！

↓

問題・課題 ⇔ 教材・学習課題　教科内容

↓

かかわり合いの場の創造
仲間との追究 ⇔ 的確な手立て

↓

ねらいの達成・変容
（教材、仲間、自分に対してのものの見方、考え方） ⇔ 意味付け　価値付け

（課題発見能力）（問題解決能力）（思考力・判断力・表現力）（知識・技能）（学ぶ意欲）（学び方）

5　附属小学校の授業研究システム―「共同研究」という基本

　教師という仕事は、「専門職」（profession）である。「専門職」の要件としては、たとえば、特に社会的責任が大きいこと、高等教育による養成制度をもっていること、社会的に身分が保障されていること――などがある。そして、その中でも絶対に欠くことのできない「専門職」としての要件が、継続的な研究システムをもっているということである。
　本校では、堅実な継続的研究システムをもっている。本校の授業研究は、大きく三つから構成されている。①事前研究→②授業研究会→③事後研究――である。いずれも、教師集団による「共同研究」が基本となる。
　たとえば、授業研究会に向けて教科部などのチームに分かれて共同で研究を始める。教材選択・教材研究から、指導過程・単元案の策定、教科内容の具体化、発問・助言・評価案の計画作成、学習集団（学び合い）のための指導計画作成まで、綿密な事前研究を共同で行う。研究授業の前のプレ公開授業研究も、複数回行う。同学年の他の学級でのプレ授業、チームによる模擬授業などがそこには含まれる。そこには、秋田大学教育文化学部の教員、秋田県教育委員会の指導主事、秋田市の小学校教員にも、関わってもらう。さらに附属小学校の教師全員による全体研究会を何度も設定した。そこでも、厳しい相互検討が展開されている。手厚い事前研究が、授業研究の鍵と言える。
　研究授業当日は、「かかわり合い」「言語」等、観点を絞り、厳しい検討が展開される。公開研究協議会は、同時に複数の教科の検討が行われるため教科部ごとの検討となるが、オープン研修会などでは、教科を超えた多面的な厳しい検討が行われる。付箋を用いて、授業の優れた点、問題点・課題を具体的に書いて模造紙に貼る。それをカテゴライズして、

観点ごとに検討を展開するというワークショップ型の検討会を設定したこともあった。もちろんそこには、秋田大学教育文化学部の教員、秋田県教育委員会の指導主事、秋田市の小学校教員に関わってもらうことが多い。また、授業の録画映像を再生しながらの検討を試みたこともある。45分すべてを再生することは無理であるが、共同検討チームが事前に授業から5〜10分程度の部分を切り取っておき、そこに限定して集中的な検討を行うのである。当日の授業研究は、事前研究が密度が濃いほど、充実することになる。

事後研究は、チームごとに行われる場合が多いが、授業映像を再生しながら、秒単位の詳細で深いリフレクション（熟考・反省）を重ねていく。そのことで、当日の検討では気付かなかった授業の優位性、問題点・課題が、明確になってくる。

公開研究協議会では、それらを収録した『研究紀要』を発刊するが、その執筆過程で実質的な事後研究が展開される。一人一人が原稿執筆する際、その原稿を教科部で検討する際、研究委員会が原稿を検討する際、それぞれの場面で一人一人の、そして共同の事後研究が展開されていると言える。

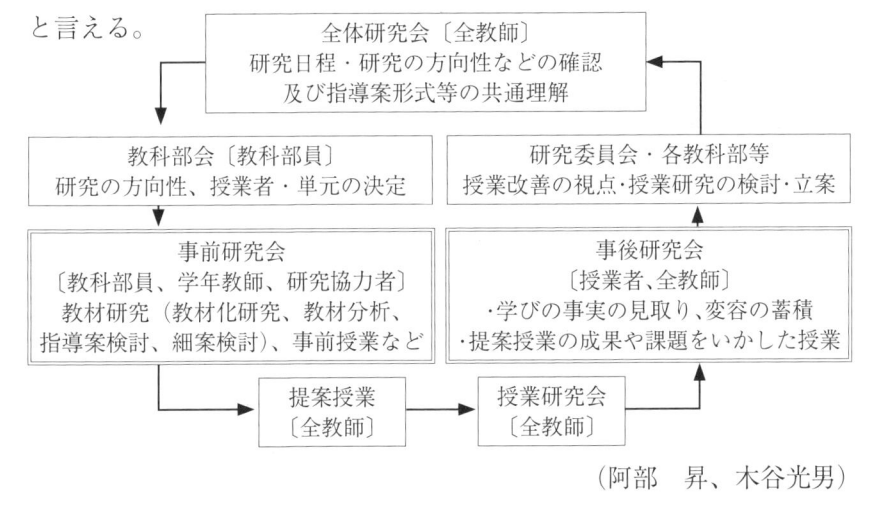

```
           全体研究会〔全教師〕
           研究日程・研究の方向性などの確認
           及び指導案形式等の共通理解
    ↓                                    ↑
教科部会〔教科部員〕              研究委員会・各教科部等
研究の方向性、授業者・単元の決定    授業改善の視点・授業研究の検討・立案
    ↓                                    ↑
事前研究会                         事後研究会
〔教科部員、学年教師、研究協力者〕   〔授業者、全教師〕
教材研究（教材化研究、教材分析、    ・学びの事実の見取り、変容の蓄積
指導案検討、細案検討）、事前授業など ・提案授業の成果や課題をいかした授業
    ↓                                    ↑
           提案授業       →    授業研究会
           〔全教師〕            〔全教師〕
```

（阿部　昇、木谷光男）

Ⅱ　附属小学校の「算数」

1　算数科の研究テーマ

> 子ども同士が主体的にかかわり、数学的な思考力が育つ学び

　算数は、内容の系統性や学習の連続性が明確な教科であり、それまでに学習してきた知識及び技能や考え方を基にして新しい内容が作り出されることが実感できる教科である。

　子どもたちが「豊かな学び」をしていくためには、子どもたち自身が課題意識や問題意識をもち、問題を追究する過程で数学的な表現を媒介としながら、子どもたち同士が主体的にかかわり合い、数学的な思考力を高めていく必要がある。

　本校算数科では、子ども同士が主体的にかかわる姿を、数学的な表現を用いて、互いの知的なコミュニケーションを図る姿と捉えている。そのために、言葉による表現とともに、言葉や数、式、図、表、グラフなどの数学的な表現を用いる。これらを視点を明確にして、相互に関連付けたり、比較したりすることによって、数学的な思考力を高めるためのかかわりの場を創造したいと考えている。

　この数学的な表現方法の獲得と互いの知的なコミュニケーションは、相乗的に作用して学習内容の深まりや数学的な思考力の育ちにつながっていく。そこで、以下の2点を授業づくりの重点に設けた。

2 授業づくりの重点

(1) 考えを数学的に表現し伝え合う活動の充実

　数学的な思考力、判断力、表現力等は、合理的、論理的に考えを進めるとともに、互いの知的なコミュニケーションを図るために重要な役割を果たすものである。考えを表現し伝え合うことを積極的に学習活動に取り入れていく。

　次に記すのは、本校のオープン研究会での提案授業の例である。

───「分数のかけ算について考えよう（6年：稲岡寛実践）」───

　分数は整数や小数と同じ数体系の中で見ることで、整数や小数の性質が同様に成り立つ。子どもたちは、分数同士のかけ算の計算を、それまでに学習した分数×整数や分数÷整数の仕組みや方法を用いて考えることができた。さらに、既習の内容を生かしながら、数、式、面積図、数直線などの数学的な表現を用いて問題を解決した。そして、それらを相互に関連させながら自分の考えを分かりやすく説明したり、友達の考えに付け足したり、友達の考えを言い換えたり、友達の考えとの共通点や相違点を明らかにしたりしながら学び合うことを通して、数学的な思考力を高めていく姿が見られた。分数同士のかけ算も、比例関係を前提に、対応数直線をモデルとして、整数や小数と同様に（基準量）×（割合）＝（比較量）と計算できるというようにかけ算の意味を広げることができた。

〈子どもたちが考えた数学的な表現〉

（１）面積図を使って求める考え

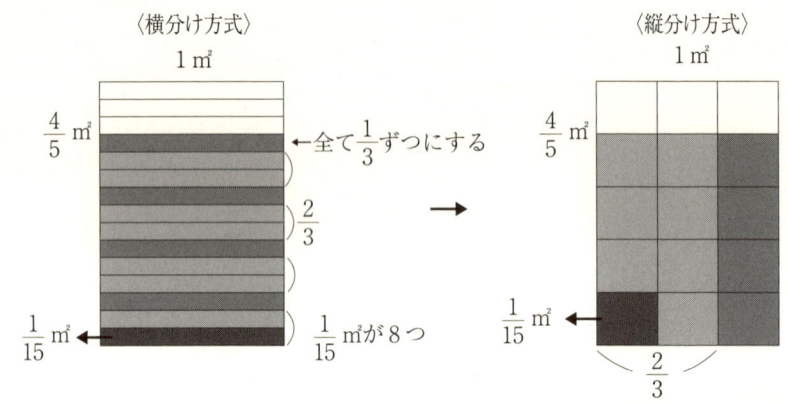

〈横分け方式〉
1㎡
$\frac{4}{5}$㎡
全て$\frac{1}{3}$ずつにする
$\frac{2}{3}$
$\frac{1}{15}$㎡
$\frac{1}{15}$㎡が8つ

〈縦分け方式〉
1㎡
$\frac{4}{5}$㎡
$\frac{1}{15}$㎡
$\frac{2}{3}$

（２）数直線を使って求める考え

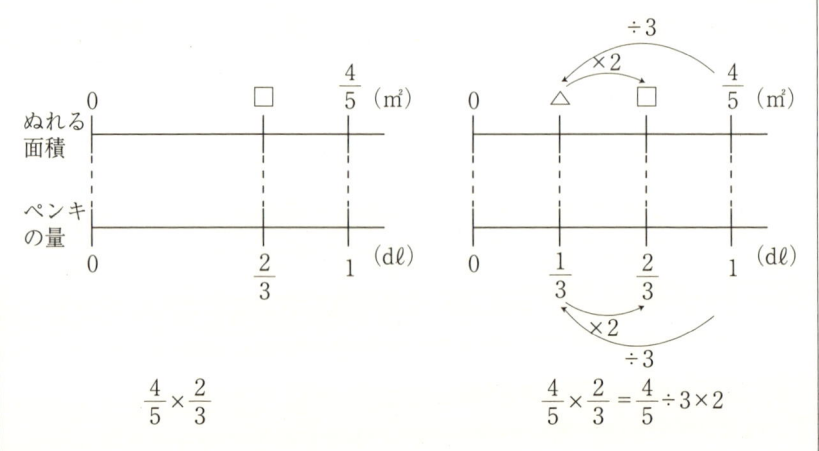

ぬれる面積　　0　　□　　$\frac{4}{5}$（㎡）
ペンキの量　　0　　$\frac{2}{3}$　　1（dℓ）

$\frac{4}{5} \times \frac{2}{3}$

÷3
×2
0　△　□　$\frac{4}{5}$（㎡）
0　$\frac{1}{3}$　$\frac{2}{3}$　1（dℓ）
×2
÷3

$\frac{4}{5} \times \frac{2}{3} = \frac{4}{5} \div 3 \times 2$

(3) 面積図と数直線を使って求める考え

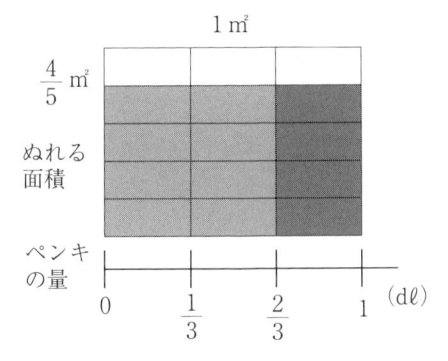

$\frac{4}{5}$ m²　ぬれる面積　ペンキの量

1 m²

0　$\frac{1}{3}$　$\frac{2}{3}$　1　(dℓ)

この面積図と数直線を式で表すと

$\frac{4}{5} \times \frac{2}{3} = \frac{1}{5 \times 3} \times 4 \times 2 = \frac{1}{15} \times 8 = \frac{8}{15}$　となる。

　このように子どもが既習の学習を生かしながら数学的な表現ができるように、ノート記述の充実を図っていく。そのため、自分の考えを発達段階に応じた言葉や数、式、図、表、グラフなどを用いて記述することを計画的に行っていく。数学的な表現の手法を知らなければ、ノートに記述することはできないからである。例えば、数と計算領域であれば、計算の意味や計算の仕方を、具体物を用いて考えることがある。何度も繰り返して劇化したり、その操作を言葉で表現したりする。さらには具体物を用いて考えたことをノートに図で表す。その学習内容に応じて例えばドット図や位取り表、テープ図や数直線図などをノートに書きながら、子どもたちは既習の学習と現在の学習を結び付け、計算の意味や計算の仕方、式の意味について理解し、学びを深めていくのである。

　そして、自分の考えをお互いに伝え合う活動を積極的に取り入れていく。友達の考えを理解して自分の考えに加除修正を加えることや、質問したり質問に答えたりすることを通して筋道立てて考える力が育っていくと考える。

さらに、教師が、子どもの表現に着目して数学的に価値付けることが、表現することのよさを子どもに味わわせる大きな鍵になる。例えば、根拠を問うことである。子どもの根拠の中には、「そんなふうに考えていたとは知らなかった」というような他の子どもたちや教師側とのずれがあるときがある。
　「その考えはこういうこと？」
　「いろいろってなあに？」
　「これでもよく分からないよ。」
　という全体に投げかける問いや、
　「○○さんの考えをもっと詳しく発表してみよう。」
　「この図の続きを誰かにかいてもらおう。」
といった発問をすることによって、考えを共有化したり、焦点化したりすることができる。考えのずれがあるときには、みんなでそれを検討することもできる。教師は子どもの話す根拠の中に数学的に価値のあることが含まれていることを逃さずに授業を進めていきたい。

(2) お互いの考えを関係付けて考える場の創造
　自分の考えをしっかりともった上で、子ども同士がお互いの考え方を関係付けていけるようにすることが、数学的な思考力を高めることにつながると考える。
　例えば、第5学年の量と測定領域「三角形の面積」の学習では、既習の求積可能な図形の面積の求め方に帰着させ計算によって求めたり、新しい公式を作り出し、それを用いて求めたりすることができるようになることを主なねらいとしている。この時、子どもたちは次のような求め方をすることが考えられる。

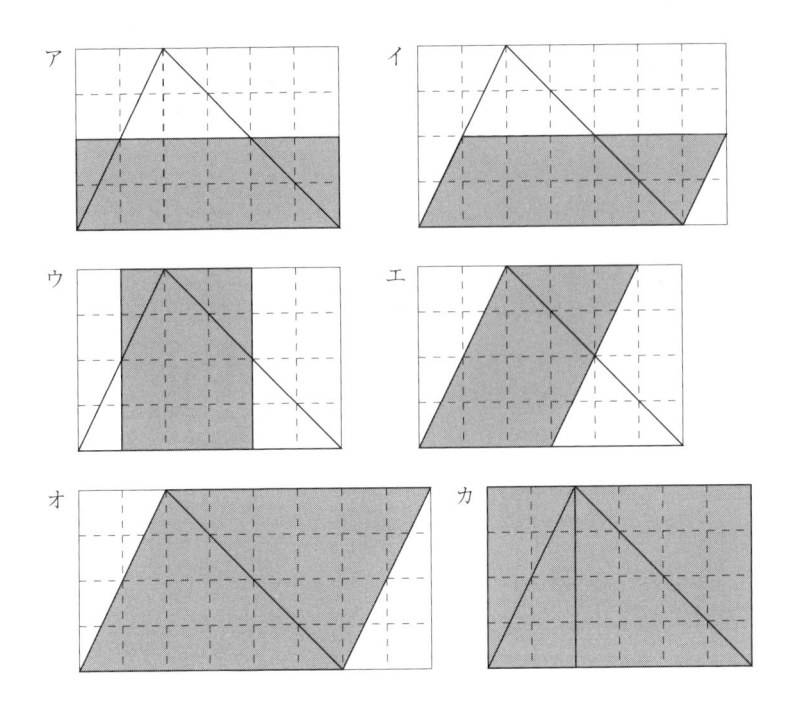

これらは次のように分類できる。

①図形の一部を移動して、既習の図形に等積変形する考え
　長方形に等積変形……ア、ウ
　平行四辺形に等積変形……イ、エ
②既習の図形の半分の面積であると見る考え
　長方形の半分……カ
　平行四辺形の半分……オ

ここで、「別の視点で分けられないか」と問いかけることによって、次のような視点から面積の求め方を分類することもできる。

> ①高さの半分（1／2）になっている……ア、イ
> ②底辺の半分（1／2）になっている……ウ、エ
> ③全体の面積の半分（1／2）になっている……オ、カ

　この見方をすることによって、どの求め方にも1／2という共通項があり、垂直な位置にある底辺と高さのかけ算をしたものの半分の大きさが三角形の面積だと導き出すことができる。
　このように、教師がお互いの考えの共通点や相違点について考察する視点を与えたかかわりの場や、言葉や数、式、図、表、グラフなどの相互の関連について考えるかかわりの場を設定する。さらに、規則性を見いだしたり一般化を図ったりするために、かかわりの場を経て出てきた考えの意味や根拠、整合性を問うことで、子どもたちの数学的な思考力を高めていきたい。

（稲岡　寛、伊藤由美子）

Ⅲ 算数の授業
1 数学的な表現をもとに数学的な思考力を深める
―― 4年生・小数について考えよう ――

稲岡　寛

1　この実践で提案したいこと

　新しい学習指導要領の前提となっている中央教育審議会答申（2008年）「算数、数学」の「(1) 改善の基本方針」に次の記述がある。

○数学的な思考力・表現力は、合理的、論理的に考えを進めるとともに、互いの知的なコミュニケーションを図るために重要な役割を果たすものである。このため、数学的な思考力・表現力を育成するための指導内容や活動を具体的に示すようにする。特に、根拠を明らかにし筋道を立てて体系的に考えることや、言葉や数、式、図、表、グラフなどの相互の関連を理解し、それらを適切に用いて問題を解決したり、自分の考えを分かりやすく説明したり、互いに自分の考えを表現し伝え合ったりするなどの活動を充実する。

　上記の改訂を具現化するために本実践では、授業づくりの4つの視点を提案する。

(1) ノート記述の充実を図る
　子どもが、考えを数学的に表現し伝え合う活動を充実させるためには、まず、自分の考えをしっかりともたなければいけない。算数は、内容の系統性や学習の連続性が明確な教科であり、それまでに学習してきた知識及び技能や考え方を基にして新しい内容が作り出されることが実感で

きる教科である。そのために、ノートに記述してきたことは、自分の学習の軌跡をふり返るだけでなく、本時の課題を解決していくための重要なヒントとなる。以下にノート記述について大切にしている5つの視点を述べる。
①問題（課題）を明確に書く。
②本時の問題（課題）と既習事項との共通点や相違点について考察する。
③自分の考えを言葉、数、式、図などを用いて記述する。
④友達の考えを解釈し、自分の意見を加えて記述する。
⑤学習のふり返りを継続的に記述する。
この中でも特に②の視点をもつことは非常に重要なことだと考えている。

(2) 数学的に表現することのよさを子どもに実感させるためのかかわり合いの場を設ける

　ノート記述で自分の考えをまとめると、子どもたちには「この考えをみんなに伝えたい。（発言意欲）」「私はこう考えたけれど、友達はどう考えたかな？（自分の考えに対する不安・友達の考えを聞いて自分の考えを確認したい）」「ここまで分かったけれど、ここが分からないから聞いてみたい。（さらに探求していきたい）」などの友達とかかわりたいという欲求が出てくる。そのタイミングを逃さずに授業づくりに生かすことが、子どもが主体的にかかわり、表現することのよさを実感できるポイントと考えている。できるだけ多くの子どもに表現することのよさを実感してもらうため、まず、4人グループで自分の考えを伝えたり、友達の考えを聞いて質問したりする場を設定する。そうすることで、「この考えをみんなに伝えたい。（発言意欲）」と思っていた子どもは欲求が満たされ、さらに「全員の前で発表したい。」という強い意欲につながったり、間違えているときには、友達の考えを聞いて、もう一度立ち止まって問題（課題）について考察する機会が得られたりする。さらに、

いつも自分の考えに不安をもっていた子どもは、友達の考えと同じだという安心感から、みんなの前で発表してみようという意欲につながることもある。その際、教師が子どもの実態を考慮して自己効力感をもたせるために、ノート記述や小グループの話し合いの際にその子どもの考えを価値付けたり、確認したりする支援が重要なことは言うまでもない。また、「ここまで分かったけれど、ここが分からないから聞いてみたい。(さらに探求していきたい)」という子どもの問いが、授業のねらいに迫る核であることも多々ある。この子どもの発言を一斉指導の際にどのタイミングで取り上げるかは、授業づくりにおいて特に重要なことだと考えている。

(3) 教師が「問うべき問い」を問う

　子ども同士が主体的にかかわろうとする土壌が養われたら、子どもたちの数学的な思考力を育てていくために、教師が、深い教材研究、児童理解に基づいた「問うべき問い」を問うことが重要だと考える。(2)で記述したねらいの達成に迫る子どもの問いを生かすためにも、教師がねらいに迫る原理・法則を見いだし、問題(課題)に対する子どもの反応を丁寧に予想し、それをいつでもしっかりと意識しながら授業を構築する。それを基に、子どもの発するつぶやきや小グループでの話し合いやノート記述についての意味や根拠、整合性、共通性、相違性について問うべきタイミングを逃さず問うことが授業のねらいの達成を図る重要な鍵になると考えている。

(4) お互いの考えを関係付けて考える場を設ける

　教師が、「問うべき問い」を発したら、全ての子どもの数学的な思考力を育てるために、自力解決の時間や小グループでの話し合いの場を意図的に設定することが大切である。その際、教師がみんなで新しい考え

をつくりだしていこうという意識を子どもに強くうちだす。そうすることで、子どもたちの中に、自分の考えだけでなく友達の考えを大事にし、お互いの考えを関係付けて考えようとする学習観が養われると考える。お互いの考えを関係付ける場の視点としては、以下の7点を大切にしている。

　①子どもの出した数学的な表現の考えの根拠について考察する。
　②子どもの出した数学的な表現の共通点について考察する。
　③子どもの出した数学的な表現の相違点について考察する。
　④子どもの出した数学的な表現の整合性について考察する。
　⑤目的に応じて子どもの出した数学的な表現の表やグラフ、図を選び活用する。
　⑥具体的な場面から一般化を図るために考察する。
　⑦学んだ考え方が日常生活で利用されているか、または利用できるかについて考察する。

　本実践においては、子どもの発達段階や教材研究を基に①②③を重視して取り組みたい。

2　教材紹介と教材研究

(1) 子どもと単元

　これまで子どもたちは、数の学習の中で、一、十、百、千、万、億、兆……と、より大きな数の方向に進みながら学んできた。日常生活で何気なく小数は目にしており、1より小さい大きさを表す数の意味や表し方については、分数に続いて学習する。分数では1よりも小さい大きさを1／nを基にしてそのいくつ分と表すことを学習してきているが、小数は、その単位を1／10、1／100、……の大きさに表すものである。そこで、1より小さい数を表す小数とこれまで学習してきた分数と関連

させながら、さらに、小数と整数を統合的にみることによって、十進数についての理解が深まり、子どもたちの数の世界は大きく広がっていくと考える。

　また、これまでも「200を百が2個集まった数」と見たり、「5000を千が5個集まった数」と見たりするなどの、数の相対的大きさの見方を学習してきた。これらの既習の学習とつなげて考えながら、同様に小数についても5.2を0.1が52個集まった数のように、相対的な大きさの見方で捉えられるように指導する。

　さらに、小数の加法・減法についての計算の意味や計算の仕方についての理解を深めるため、「0.1を基にした考え」「図を用いた考え」などに表現し、それらの根拠を考えたり、それぞれの考えの共通点を考えたりすることで、自分の考えを分かりやすく説明したり、互いに自分の考えを表現し伝え合ったりするなどの指導を充実させ、子どもたちの数学的な思考力を育んでいきたい。

(2) 本実践での数学的な表現

　本実践の2.5ℓ－1.3ℓの計算の答えが1.2ℓになることは、容易に予想できる。そこで、「なぜ答えが1.2ℓになるのか。」と問いかけ、その根拠に目を向けさせ、数学的に表現させたい。または、これまでの整数の学習や小数のたし算の学習と結び付けて考えることで、一人一人が数学的な表現を用いて根拠を示すことができるように支援していく。

　さらに、以下に示す「0.1のいくつ分の考え」「数直線を使って求める考え①」「ブロック図を使った考え①」を比べると、数直線の1目盛りも0.1であることから、どれも0.1を基にした考えであると見ることができる。また、「ブロック図を使った考え②」「位のへやを使って求める考え」「筆算に表す考え」「数直線を使って求める考え②③」などは、どれも同じ位の数同士を引いており、同じ見方をしていると考えることが

できる。さらに、「図に表す考え」は、見方や説明の仕方によって、0.1を基にした考えにも、同じ位の数同士を引いている考えにもなる。

『0.1 を基にした考え』
「0.1 のいくつ分の考え」
　2.5 は 0.1 が 25 個分。1.3 は 0.1 が 13 個分。2.5 − 1.3 は 0.1 が 25 − 13 = 12 個考えられるから 1.2。

A. のこりは 1.2 ℓ

「ブロックを使った考え①」

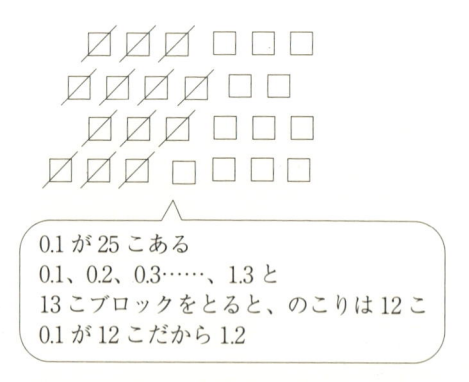

0.1 が 25 こある
0.1、0.2、0.3……、1.3 と
13 こブロックをとると、のこりは 12 こ
0.1 が 12 こだから 1.2

A. のこりは 1.2 ℓ

「数直線を使って求める考え①」

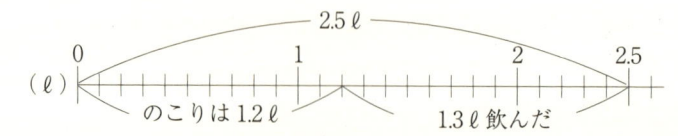

A. のこりは 1.2 ℓ

1 数学的な表現をもとに数学的な思考力を深める

『同じ位の数同士を引く考え』
「ブロックを使った考え②」

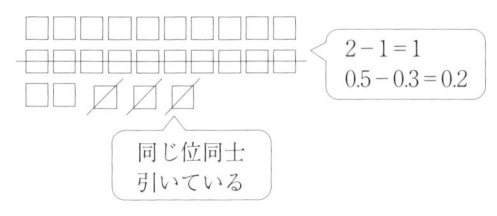

2 − 1 = 1
0.5 − 0.3 = 0.2

同じ位同士
引いている

A. のこりは 1.2 ℓ

「位の部屋を使って求める考え」

一の位	$\frac{1}{10}$の位
①	⓪.1
①̸	⓪.1
	⓪.1̸
	⓪.1̸
	⓪.1̸
1 .	2

この式に結びつく
→ 2 − 1 = 1
　0.5 − 0.3 = 0.2
　1 + 0.2 = 1.2
→ 筆算へ

A. のこりは 1.2 ℓ

「筆算に表す考え」

$$\begin{array}{r} 2.5 \\ -1.3 \\ \hline 1.2 \end{array}$$

同じ位から
引いている

A. のこりは 1.2 ℓ

「数直線を使って求める考え②」

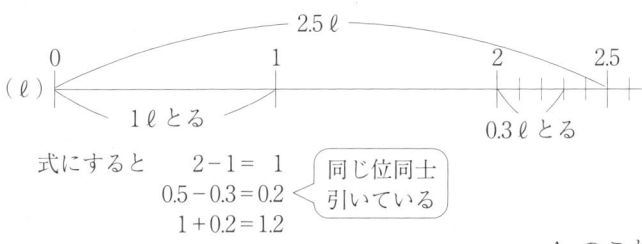

　　　　　　　　2.5 ℓ
(ℓ) 0　　　　　1　　　　2　2.5
　　　1ℓとる　　　　　0.3ℓとる

式にすると　2 − 1 = 1
　　　　　　0.5 − 0.3 = 0.2
　　　　　　1 + 0.2 = 1.2

同じ位同士
引いている

A. のこりは 1.2 ℓ

「数直線を使って求める考え③」

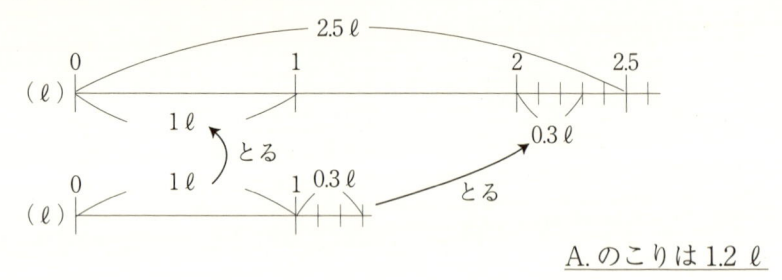

A.のこりは1.2ℓ

説明の仕方によって『0.1を基にした考え』『同じ位の数同士を引く考え』のどちらともいえる考え
「図に表す考え」

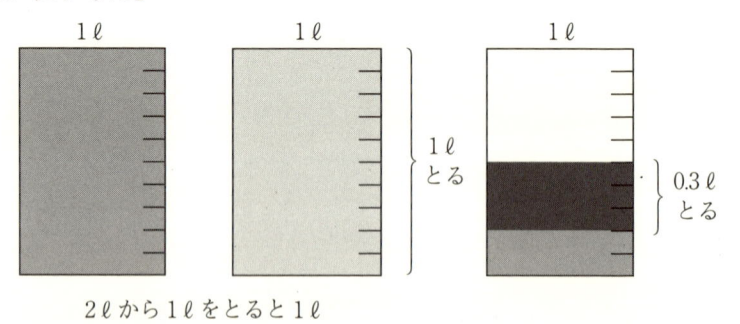

2ℓから1ℓをとると1ℓ

A.のこりは1.2ℓ

3 単元計画

（1）単元名

　4年生　小数について考えよう

（2）単元の目標

　①小数のよさに気付き、進んで用いようとする。

②小数の大小比較の方法を調べようとしたり、小数の加減計算の仕方を考えようとしたりする。
③十進位取り記数法の仕組みを1より小さい数に拡張して捉えることができる。
④小数の計算を整数の計算と結び付けて考えることができる。
⑤小数を数直線上に表したり、小数の加法・減法の計算をしたりすることができる。
⑥小数の意味や仕組み、表し方が分かる。

(3) 単元の構想（総時数12時間）

時	学習活動	教師の主な指導
1	(1) 小数の意味や仕組み、表し方を知る。 ●液量測定の場で、1に満たない大きさの表し方を考える。	●身の周りに使われている小数探しをすることで、小数に親しみをもてる場を設定する。
2	●端数部分の大きさに小数が用いられることを知り、「小数」の用語、意味や表し方、読み方を理解する。	●小数を使って1つの単位で表した方が、2つの単位を使って表すよりも簡単で使いやすいということに気付けるように、靴の大きさや身長などが、なぜ小数で表されることが多いのかについて話し合う場を設ける。
3	●身の周りで、小数が使われている場面を見付け、小数について調べようとする。	
	(2) 小数の相対的大き	●小数の意味や仕組み、数の構成をイ

4	さ、大小について理解する。 ● 0.1 や 1 を表す積み木を使って、つかみ取りをする。つかみ取った合計の小数を表す活動を通して、数を構成的な見方で捉えたり、数の相対的大きさの見方で捉えたりする。	メージ豊かに捉えることができるように、小数の積み木のつかみ取りというゲーム的要素を取り入れ、具体的な算数的活動を通して、小数を多面的に捉えられるようにする。 ● 0.1 の積み木（1 cm × 1 cm × 1 cm）1 の積み木（1 cm × 1 cm × 10 cm）を用意する。 ● 2つの小数の大小を比較する理由を考え、話し合う場を設定する。そこで、0.1 を基にした考えと2つの小数の間の整数を基準とする考えを意図的に引き出し、そこから数直線の有効性が実感できる授業展開をする。
5	● 小数を数直線上に表したり、小数の仕組みを基に考えたりして、小数の大小を比較する。	● 小数と分数を関連付けて取り扱う場を設ける。
6	（3）小数の計算を整数の計算と結び付けて考え、加法・減法の計算ができるようになる。 ● 2.5 + 1.3 の計算の仕組みや方法を考える。	● 小数の計算の意味や仕組み、方法などについて考える活動を通して、小数も整数と同じ十進位取り記数法であり、同じ仕組みで計算できることが発見できるようにする。
7	● 2.6 + 1.7 のような整数部分へ繰り上がる加法の計算の仕組みや方法を考える。	● 小数の計算の根拠を考える場面を設

8	● 1.4 + 2.6 のような答えの小数部分が 0 になる加法や、35 + 4.8 のような整数＋小数の加法の計算の仕組みや方法を考える。	定することで、子どもたちが計算の仕組みに目を向け、「0.1 のいくつ分の考え」「数直線を使って求める考え」「図に表す考え」「筆算をする考え」などを引き出す。そして、それらの考えの共通点を見付ける場を設定することで、整数の計算との共通点も確かめる場を設ける。
9 (本時)	● 2.5 − 1.3 の計算の仕組みや方法を考える。	
10	●小数で繰り下がりのある減法計算、整数と小数の減法計算の仕組みや方法を考える。	
11	●小数の加法と減法の練習を行う。	●身の回りで見付けた小数を発表し合うことによって、生活の様々な場面で小数が用いられていることに気付かせる。
12	●身の回りから小数で表されているものを探す。	

4　授業案と授業記録

第9時（9／12）
日　　時：2009年6月12日（金）9時45分〜10時30分
学　　級：4年A組（男子17名、女子18名、計35名）
授業者：稲岡　寛

(1) 本時の授業案
①**本時のねらい**
　「0.1を基にした考え」や「同じ位の数同士を引く考え」から、小数の計算の仕方を考えることができる。
②**展開**

時間	学習活動	教師の指導　評価
3分	①本時の問題を把握する。	●前時と違うことを文章問題から確認し、小数の場合も整数と同じようにひき算の式に表せることを確認する。
	ジュースが2.5ℓあります。1.3ℓ飲むと、残りは何ℓになるでしょうか。	
37分	②問題場面について自力解決をし、解決方法について話し合う。 （ア）「0.1のいくつ分の考え」 　2.5は0.1が25個分。 　1.3は0.1が13個分。 　2.5－1.3は0.1が25－13＝12個と考えられるから1.2。 　　A．のこりは1.2ℓ	（自力解決する場面での教師の支援） ●自力解決することができるように、自分の考えや取り入れたい友達の考えを書いているノートの活用をすすめる。 ●机間指導で児童に個別の指導をすると同時に、全体の大きな解答の傾向をつかみ、子どもたちの考えをつないでいく指名計画に生かす。 （練り合いの場面での教師の支援） ●「0.1を基にした考え」と「同じ位の数同士を引く考え」の共通点を明確にした話し合いをするために、子ど

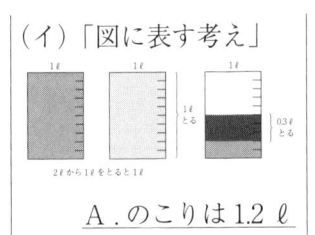

	（イ）「図に表す考え」	もがかいた図や数直線を提示したり、必要に応じて小グループの話し合いの場を設定したりする。
	2ℓから1ℓをとると1ℓ	
	A．のこりは 1.2 ℓ	
	（ウ）「数直線を使って求める考え」	「0.1を基にした考え」や「同じ位の数同士を引く考え」から、小数の計算の仕方を考えることができる。〈ア－3、イ－6、ウ－A－8〉（発言・ホワイトボード・ノート）
	のこりは1.2ℓ 1.3ℓ飲んだ	
	A．のこりは 1.2 ℓ	
	（エ）「筆算に表す考え」	
	2.5 －1.3 　1.2　　同じ位から引いている	
	A．のこりは1.2 ℓ	
5分	③学習をふり返る。 ●ひき算の筆算も、整数と同じようにできる。 ●小数のひき算も整数のように同じ位の数を引けばいい。	●学びの成果に喜びを感じることができるように、これまでの学習とつながったこと、一番印象に残った友達の考え等について、ふり返りの視点を与える。

(2) 授業記録とコメント

①問題文（場面）の提示と問題の把握

教師1　では、この問題を解いてください。

> ジュースが　ℓあります。　ℓ飲むと、残りは何ℓになるでしょうか。

子ども　えーっ。解けないよ。
教師2　どうして？
子ども　量が分からない。
教師3　よく気が付きましたね。

> コメント1：ここでは、問題の意図とともに、量に着目できる子どもを育てたい。それが、数字に関しても、前時との違いを比較する視点を養うことにつながる。

> ジュースが2.5ℓあります。1.3ℓ飲むと、残りは何ℓになるでしょうか。

教師4　では問題をみんなで読みましょう。
子ども　（全員が、教師が問題文を指さすスピードに合わせて声をそろえて読む。）
教師5　前の時間と違うことは何かな？
子ども　ひき算になる。
教師6　どこから分かるかな？
子ども　残りは……なので。
教師7　式に表すととどうなるかな？
子ども　2.5 − 1.3
※式を板書し、その下に〈考え方〉と書く。

> コメント2：前時と違うことを文章問題から確認することを繰り返すことで、子どもの内面に常に既習事項と比較してみる視点が養われる。

1　数学的な表現をもとに数学的な思考力を深める

教師8　今日初めて小数のひき算をするのですが、どんな方法で考えたらいいだろう。みんなはどんな方法で考えてみる？
子ども　ブロックを使う。
子ども　さくらんぼ計算をしてみる。
子ども　位の部屋を使う。
子ども　面積図を使う。
子ども　筆算をしてみる。
子ども　数直線を使う。
子ども　言葉で説明をする。

コメント3：前時の学習とつなげながら本時の見通しを全員で確認することが、課題に対して見通しのもちにくい子どもへの働きかけの一助となる。

教師9　では、10分間自分でノートに考えてみよう。1つできたら2つ、2つできたら3つ……というように考え方を比べながら書いていこう。

②自力解決をする

　子どもたちはノートに記述をする。教師が指名した子どもは、ホワイトボードに自分の考えを記述する。

> コメント4：自力解決することができるように、自分の考えや取り入れたい友達の考えを書いているノートの活用をすすめる。話し合いの場面に生かすため、教師は以下に示す7つの考え方を意図的に取り上げ、子どもにホワイトボードに書いてもらうことにした。

③自力解決を基にした話し合い

教師10　全員がずっと鉛筆が止まらず自分の考えを書けていましたね。こんなに集中して自分の考えを書き続けられる君たちは素晴らしい。今度は、友達の考えを聞いてみよう。そしてもっと考えを深めよう。では、4人グループにしてください。

教師11　では、この考えを見てください。

子ども　面積図。

教師12　Aさんの考え方が分かりますか。

教師13　グループで話し合ってみましょう。

子ども　（4人グループで話し合いをする。）

教師14　Aさん説明をしてください。

「図に表す考え」

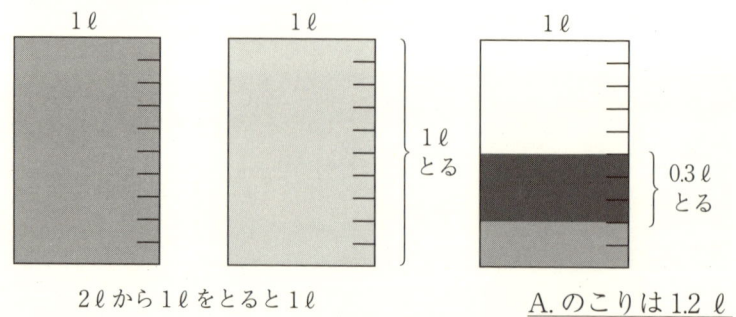

2ℓから1ℓをとると1ℓ　　　　A.のこりは1.2ℓ

1 数学的な表現をもとに数学的な思考力を深める

子ども　ここに、2.5 ℓあります。2 ℓから1 ℓをとるとのこりは1 ℓになります。さらに0.5 ℓから0.3 ℓをとると0.2 ℓになります。1 ℓと0.2 ℓを合わせると1.2 ℓになるので、答えは1.2 ℓです。どうですか？

子ども　いいと思います。

教師15　では、この考えを見てください。

子ども　ブロック図。

教師16　Bさんの考え方が分かりますか。

子ども　（4人グループで意見を交流する。）

教師17　Bさん説明をしてください。

「ブロックを使った考え①」

☒☒☒☐☐
☒☒☒☐☐
☒☒☒☐☐
☒☒☒☒☐☐☐

0.1 が 25 こある
0.1、0.2、0.3……、1.3 と
13 こブロックをとると、のこりは 12 こ
0.1 が 12 こだから 1.2

A. のこりは 1.2 ℓ

子ども　ジュースが2.5 ℓなので、ブロックを25個書きました。そして、ここから1.3 ℓ引きます。1.3は0.1が13こなので、25個のブロックから13個とります。みなさん一緒に数えてください。

子ども　1、2、3……13。
子ども　残りはブロックが12個あります。0.1が12こなので1.2。答えは1.2ℓです。どうですか？
教師18　同じ考え方をした人？
子ども　（クラスの1／3の手が挙がる。）

> コメント5：板書した子どもが考えをすぐに説明せず、教師が板書したボードだけを提示することにより、板書した子どもの考えを理解しようと自分で考えたり、4人グループで板書された考えの意図について話し合ったりして、主体的に問題を解決していこうとする姿勢が養われてきた。特に、グループや全体で互いに考えを伝え合う場を設けることにより、自分の疑問点を明確にして聞いたり、相手の考えを自分の考えと比較して聞いたりすることができるようになった。また、1つの考えに絞って提示することで、話し合うことが子どもにとって明確になった。さらに、4人グループで話し合うことにより、全員が主体的に思考する活動が保障されやすくなった。特に、黒板に提示された図に表す考えと似ている数学的な表現を用いた子どもは自分のノートを提示して伝える機会が得られた。また、同様の考えをした子どもがいないグループでも、既習のたし算の学習で学んだ面積図を基に、4人で相談し、提示された考えの意図を思考することができた。

教師19　この考えを見てください。Cさんの考え方が分かりますか。
教師20　Cさん説明をしてください。

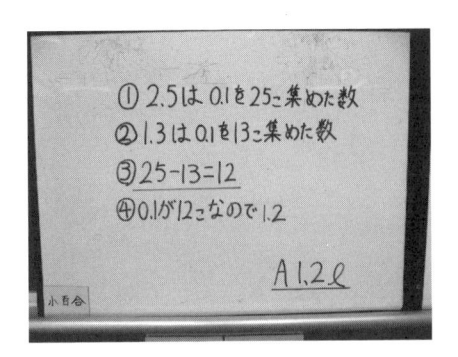

1 数学的な表現をもとに数学的な思考力を深める

> ① 2.5は0.1を25こ集めた数
> ② 1.3は0.1を13こ集めた数
> ③ 25−13=12
> ④ 0.1が12こなので1.2
>
> A 1.2ℓ
>
> 小百合

子ども　2.5は0.1が25個分。1.3は0.1が13個分。2.5−1.3は0.1が25−13=12個と考えられるから、1.2。答えは1.2ℓです。どうですか？

A. のこりは1.2ℓ

子ども　いいと思います。
教師21　この考えを見てください。
子ども　筆算。
教師22　Dさんの考え方が分かりますか。
教師23　Dさん、説明をしてください。

「筆算に表す考え」

$$\begin{array}{r} 2.5 \\ -1.3 \\ \hline 1.2 \end{array}$$

←同じ位から引いている

A. のこりは1.2ℓ

子ども　（板書した筆算を指さしながら）最初に1／10の位を計算して、5−3=2になります。次に1の位を計算して、2−1=1になります。最後に小数点を下ろしてきて、1.2になります。答

　　　　えは 1.2 ℓ です。どうですか？

　　　　　　　　　　　　　　　　　　　　A. のこりは 1.2 ℓ

子ども　　いいと思います。
教師24　　この考えをやった人？
子ども　　クラスの5／6の手が挙がる。
教師25　　たくさんの人が筆算に取り組んだんだね。
教師26　　他にどんな考えがあるかな？
子ども　　位の部屋を使った考え。
子ども　　さくらんぼ計算。
子ども　　数直線を使った考え。
教師27　　この考えを見てください。
子ども　　さくらんぼ計算。
教師28　　Eさんの考え方が分かりますか。
教師29　　グループで話し合ってみましょう。

コメント6：ほとんどの子どもが、取り上げる考えを書いていない場合、その考えの理解を促進させるためにも小グループの話し合いが有効である。

教師30　　Eさん、説明をしてください。

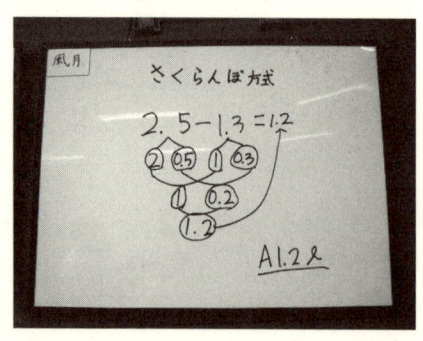

子ども　まず、2.5 を 2 と 0.5 に分けます。次に 1.3 を 1 と 0.3 に分けます。1／10 の位を計算すると 0.5 − 0.3 = 0.2 となります。また、1 の位を計算すると 2 − 1 = 1 になります。そして 0.2 + 1 = 1.2。答えは 1.2 ℓ です。どうですか？

子ども　いいと思います。

教師31　他にどんな考えがありますか？

子ども　数直線。

教師32　数直線を使った考えを書いた人？

子ども　（クラスの 3／4 の手が挙がる。）

教師33　では、数直線を使った考え方についてグループで話し合ってみましょう。

教師34　誰かこの数直線に書き込みながら考えを説明をしてくれませんか？

教師35　Fさん、説明をしてください。

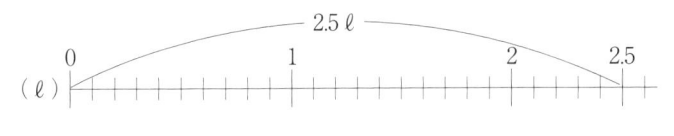

↓

子ども　（下図のように記入しながら説明）ジュースが 2.5 ℓ あります。この 2.5 ℓ から 1.3 ℓ を引くと残りは 1.2 ℓ になります。答えは 1.2 ℓ です。どうですか？

「数直線を使って求める考え①」

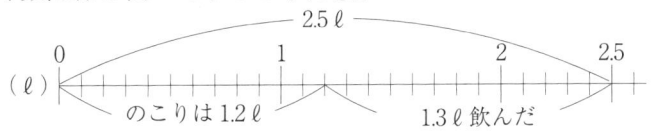

<u>A. のこりは 1.2 ℓ</u>

子ども　いいと思います。
教師36　この考えを見てください。
子ども　位の部屋を使った考え。
教師37　Gさん、説明をしてください。

「位の部屋を使って求める考え」

一の位	$\frac{1}{10}$の位
①	⓪.1
①	⓪.1
	0.1
	⓪.1
	⓪.1
1	. 2

A. のこりは1.2 ℓ

子ども　（板書した図を指さしながら）最初に1／10の位を計算して、0.5 － 0.3 ＝ 0.2 となります。次に1の位を計算して、2 － 1 ＝ 1になります。そして、0.2 ＋ 1 ＝ 1.2。答えは1.2 ℓです。どうですか？
子ども　いいと思います。
教師38　たくさんの考え方が出てきましたね。ではこれは？（順に指さしながら）
子ども　面積図を使った考え。
子ども　0.1を基にした考え。
子ども　ブロック図を使った考え。
子ども　数直線を使った考え。
子ども　位のへやを使った考え。
子ども　筆算を使った考え。

子ども　さくらんぼ計算を使った考え。
教師39　どれも答えは？
子ども　同じ。
教師40　そう。どの考え方を使っても答えは1.2ℓ。君たちはどの方法でも答えを求めることができたんだね。素晴らしい。
教師41　では、この7つの考え方の意味はどれも同じかな？　それとも違う？
子ども　似たものがある。
教師42　どれとどれが似ているかなぁ？
教師43　まず、自分で考えてみましょう。
子ども　（どの子どもも真剣に黒板を見つめたり、自分のノートを見返して7つの考えの共通点を考察している。）
教師44　では、グループで話し合ってみましょう。
子ども　（自分で分類した考えを基に、4人グループで活発に意見交換をする。）

> コメント7：教師は、グループで話し合っている子どものつぶやきを拾い、その後の一斉指導に生かすため、机間指導をする。

子ども　私は、位の部屋と使った考えと筆算が似ていると思います。どちらも同じ位の数同士を引いていて、同じ見方をしていると思います。
子ども　賛成。
子ども　ぼくは、Hさんの考えに反対で、位の部屋を使った考えとブロック図を使った考えが似ていると思います。どちらも図で、1.3を消しているからです。
教師45　この考えについてはどうですか？

子ども　賛成。

子ども　反対。

教師46　では、周りの友達と位の部屋を使った考えとブロック図を使った考えの意味が似ているか話し合ってみましょう。

子ども　（4人グループで活発に意見交換をする。）

教師47　Ⅰさん、考えを教えてください。

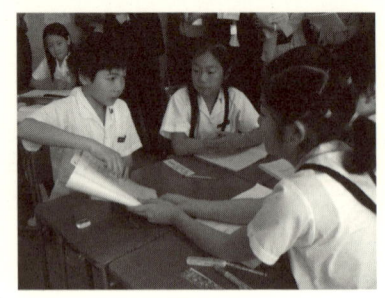

子ども　ブロック図を使った考えと位の部屋を使った考えの意味が違うと思います。たしかにどちらも図で、1.3を消しています。だけど、ブロック図を使った考えでは0.1を整数に直して13個取っていて、位の部屋を使った考えと筆算では位ごとに分けていて、どちらも同じ位から引いているので、ブロック図を使った考えと位の部屋を使った考えでは意味が違うと思います。

教師48　Ⅰさんの考えについてどう思いますか？

子ども　首をかしげて悩んでいる子どもが多い。

教師49　ごめんね。先生が分からないんだけれど、誰かⅠさんの考えを説明をしてくれないかな。

コメント8：かかわり合い（教師が意図的に仕組んだ子ども同士の学び合い）により、全ての子どもがねらいに達するようにするための手立てとして、次のような働きかけを心がけた。

〈教師の働きかけの例〉

教師　　〇〇さんの言っていることはどういうこと？

子ども　友達の考えを自分なりに理解して一生懸命（場合によってグループのときも一斉のときもある）説明しようとする。

> 教師　では、〇〇さんの言っていることを言い換えられる人？
> 子ども　挙手の数がぐんと増えてくる。
>
> 　また、上記のような働きかけを繰り返すことにより、友達の考えを理解しようとしたり、自分の考えと友達の考えを比較しながら聞ける子どもが育ってきた。

教師50　分かった人？
　　　　（子どもの手が挙がる。）
教師51　Jさん、教えてください。
子ども　ぼくは、位の部屋と使った考えと筆算はどちらも同じ位から引いているので、意味は同じだと思います。でも、ブロック図を使った考えと位の部屋を使った考えの意味は違うと思います。ブロック図を説明したBさんは、1つずつ数えて引いていたので違うと思います。
子ども　いいと思う。
教師52　数えるってどういうこと？　周りの友達と相談してしてみてください。
子ども　（4人グループで数えるということについて活発に意見交換をする。）
子ども　筆算とさくらんぼ方式が似ている。
子ども　そうだね。1／10の位と1の位を分けて計算している。
子ども　賛成。
子ども　（7つの考え方の中で意味の似ているものについてさらに

グループで相談を行う。)

教師53　このグループで話していたんだけれど、共通点を探すのも1つの方法だけれど、1／10の位と1の位を分けて計算していないものを探す見方もあるよね。

子ども　(7つの考え方の中で1／10の位と1の位を分けて計算していないものについてグループで相談を行う。)

子ども　ブロック図を使った考えと数直線を使った考えは位ごとに分けていないと思う。

教師54　どういうこと？

子ども　ブロック図は1つを0.1として考えている。また、数直線は1目盛りを0.1として考えている。つまり、位ごとに分けて考えてはいない。

子ども　なるほど。

子ども　ブロック図を使った考えと数直線を使った考えは、どちらも0.1を基にして考えているんだ。

子ども　さらに、0.1を基にした考えも一緒だ。

子ども　位の部屋を使った考えと筆算とさくらんぼ方式は、同じ位から引いているので、全て意味は同じなんだ。

> コメント9：このように小グループで意見を交換し合いながら、教師がお互いの考えを言い換える場を設定したり、子どものつぶやきの似ている点や対立点を組織したり、子どもの納得のいかない点を問い返したり、考えの意味について焦点化したりすることで、数学的な思考は深まっていった。

教師55　では、面積図を使った考えは？
教師56　0.1を基にしていると思う人？

1 数学的な表現をもとに数学的な思考力を深める

子ども　（クラスの半数が手を挙げる。）
教師57　同じ位同士引いていると思う人？
子ども　（クラスの半数が手を挙げる。）
子ども　（面積図を使った考えが、同じ位同士引いている考えなのか、0.1を基にした考えなのかグループで意見交換を行う。）
教師58　では、グループで話し合ったことを教えてください。
子ども　面積図を使った考えは0.1を基にした考えに入ると思います。そのわけは、面積図を横にしてみると数直線に見えるので、0.1を基にした考えに入ると思います。
子ども　（「なるほど」という感嘆の声が起こる。）
子ども　面積図も1つの目盛りが0.1だから、数直線と同じなんだ。
子ども　でも、Aさんが初めに面積図を使った考え方を説明するときに同じ位同士引いていると言っていたので、同じ位同士引く考えではないかと思います。
子ども　面積図を使った考えは0.1を基にした考えに入ると思います。そのわけは、さっきKさんが言ったように、面積図を横にしてみると数直線に見えるので、0.1を基にした考えに入ると思います。
子ども　賛成。
子ども　でも、ここに、2.5 ℓ あります。2 ℓ から1 ℓ をとるとのこりは1 ℓ になります。さらに0.5 ℓ から0.3 ℓ をとると0.2 ℓ になります。1 ℓ と0.2 ℓ を合わせると1.2 ℓ になるので、答えは1.2 ℓ です。と説明をすると同じ位同士引いている考えにも

なると思います。どうですか？
子ども　賛成。
子ども　面積図を使った考えは説明の仕方によって同じ位同士引いている考えにもなるし、0.1を基にした考えにもなるんだ。
教師59　なるほど。面積図を使った考えは説明の仕方によって同じ位同士引いている考えにもなるし、0.1を基にした考えにもなるんだね。見方や説明の仕方によって意味は違ってくるんだ。みんなで気が付くことができて素晴らしい。
教師60　では、今日の学習をふり返りましょう。
教師61　視点は、①これまでの学習とつながったこと、②今日一番印象に残った友達の考え、③今日の学習で分かったことです。では、どうぞ。

コメント10：教師が視点を明確に提示することで、授業のまとめが子どもたちの意見によって組織できるようになる。本時では、3つの視点を与えた。教師の意図は次のようなものである。
　①これまでの学習とつながったこと
　　→本時の学習と算数の既習をつなげて考え、一般化していこうとするふり返り
　②今日一番印象に残った友達の考え
　　→豊かなかかわりの面についてのふり返り
　③今日の学習で分かったこと
　　→お互いの考えの共通点や相違点に目を向けた算数的なふり返り
教師は、子どもがふり返りをノートに記入しているものをチェックし、指名する子どもを決める。

教師62　では今日の授業のふり返りを教えてください。

子ども　Lさんが、グループでの話し合いの時に、自分のノートを指さしながら説明してくれたのでよく分かりました。

子ども　今日の授業で、Mさんが面積図を横にして数直線と同じだと言っていたのがすごいと思いました。

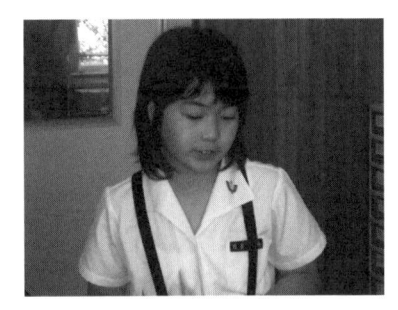

子ども　一目見るとみんな違う考えに見えるけれど、それぞれの考えに共通点があるんだということが分かって算数がもっとおもしろくなりました。

子ども　今日初めて小数のひき算の学習だったけれど、小数のたし算の考え方がたくさん使われていたので、算数では前に習ったことがたくさん使えるということが実感できました。

子ども　小数も位をそろえるとひき算ができるんだということが分かりました。

教師63　小数もとはどういうこと？

子ども　小数も整数と同じように位をそろえるとひき算ができるということだと思います。

子ども　ひき算の筆算も、整数と同じようにできるということが分かりました。

子ども　小数のひき算も整数のように同じ位の数を引けばいいと分かりました。

コメント11：「0.1のいくつ分の考え」「数直線を使って求める考え」「ブロック図を使った考え」を比べると、数直線の1目盛りも0.1であることから、どれも0.1を基にした考えであると見ること

ができる。また、「さくらんぼ計算」「位のへやを使って求める考え」「筆算をする考え」などは、どれも同じ位の数同士を引いており、同じ見方をしていると考えることができる。さらに、「図に表す考え」は、見方や説明の仕方によって、0.1 を基にした考えにも、同じ位の数同士を引いている考えにもなる。

　このように、子どもたちが出した数学的な表現の共通点を考察するかかわり合いの場を設けることで、子どもたちはお互いの考えを生かし合いながら、数学的な思考を深めることができた。

【最終板書】

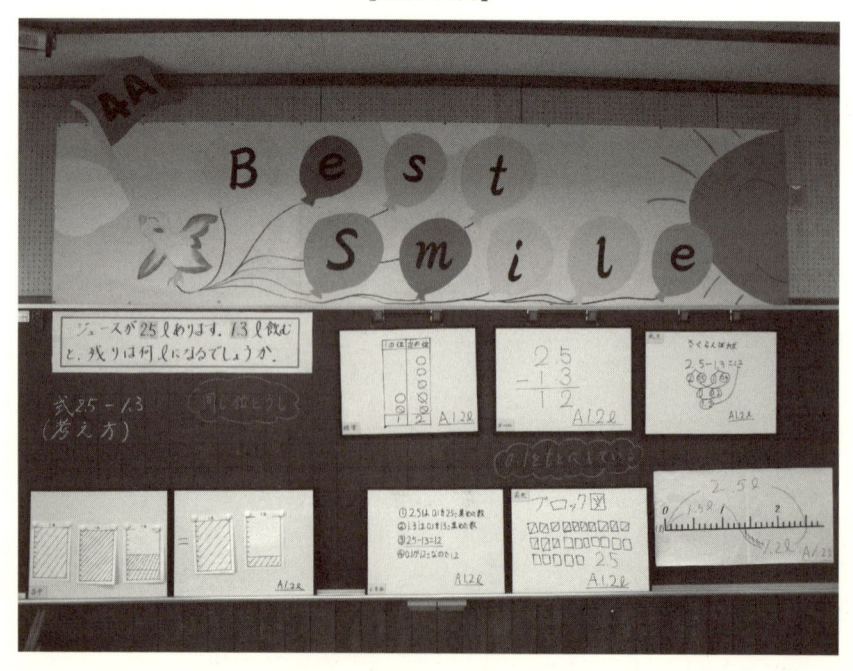

5 成果と今後の研究課題

(1) 授業の成果

この授業では、子ども同士が主体的にかかわり、数学的な思考が育つ学びをめざした。

この授業における成果は四点ある。

第一の成果は、子どもたち全員が問題（課題）に対して、自分の考えをしっかりともつことができたことである。自分の考えをもつためには、継続的にどの時間でも、問題から分かることを明確にし、前の学習とつながることや、前の学習と同じこと、違うことを考えながら思考していくことが有効であった。また、1つの考えができても満足することなく、他にはどんな考え方ができるのだろうと教師が働きかけることで思考が広がっていった。

第二の成果は、多くの子どもたちが友達とかかわることによって、数学的に表現することのよさを実感できていたことである。授業後のふり返りの記述には以下のようなものがみられた。

「自分の考えたノートを基に、小グループで発表することができてうれしかったです。」

「グループの友達と話し合うことで、途中までできていた数直線を使った考え方がよく分かりました。」

「みんなで話し合うことで、自分の考えたブロック図と数直線が同じ意味だということが分かりました。」

「自分の考えが合っているか不安だったけれど、小グループで発表して友達の考えと比べることで、安心してみんなの前で発表することができました。また、みんなの前で発表したいです。」

「グループのみんなで話し合うことで、考えの同じ所だけでなく、考

えの違う所についても考えることができるようになりました。新しい見方ができて楽しかったです。」

「○○さんの面積図を横にすると数直線と同じだという見方がすごいと思いました。次の時間には、私もやってみたいです。」

このようなふり返りをみても、自分の考えをもてた後のかかわり合いは有効であったといえる。

第三の成果は、教師が「問うべき問い」を心がけた授業づくりをすることによって、子どもの数学的な思考力を育てる一助となったことである。教材研究を本実践学級の子どもに当てはめて考え、どの子どもがどんな数学的な表現をするかを予想することにより、子どもの発するつぶやき、小グループでの話し合い、ノート記述についての意味や根拠、共通性、相違性について組織しやすくなった。また、焦点化したい場面で、教師が「先生が分からないから誰か説明してください。」「○○さんの言っていることはどういうこと？」などと子どもに切り返していくこの方法は、授業のねらいを達成していく上で有効であったと考えている。

第四の成果は、お互いの考えを関係付ける場を設けたことが、子どもたちの数学的な思考力を育てることにつながったことである。教師が「この7つの考え方の意味はどれも同じかな？　それとも違う？」とお互いの考えの共通性を問うことで、子どもたちの考える見方が広がった。その中で、自力解決の時間や小グループでの話し合いの場を系統的に設けることで、子ども同士がかかわり合いながら数学的な思考を深めていくことができた。

(2) 今後の研究課題と方向性

本提案の課題は、授業で行う小グループでの話し合いの場の精選である。既習の小数の加法において多くの子どもたちが理解している考え方については、小グループでの話し合いを取らなくてもよかった。その分、

多様に出た考えの共通性や相違性を考察する時間をもっと取ることで、多くの子どもたちの数学的な思考が育ったものと考えられる。

　今後は、本提案で行った(1)ノート記述の充実を図る (2)数学的に表現することのよさを子どもに実感させるためのかかわり合いの場を設ける (3)教師が「問うべき問い」を問う (4)お互いの考えを関係付けて考える場を設けるを他の単元でも実践し、子ども同士が主体的にかかわり、数学的な思考力が育つ学びに有効かどうかを検証していきたい。

　さらに、子ども同士がさらに主体的にかかわり合うために、子ども自身の「問う心」を育んでいきたい。そのために、中学年では教師がモデルを示しながら、お互いの考えを関係付けて考える場を設ける視点の①から⑦についても発達段階に応じて具体的な場面を通して扱っていきたい。そうすることで、研究主題「かかわり合いが育む豊かな学び」に迫っていきたいと考えている。

2　問う心がわき起こる算数の授業
―― 6年生・かさを調べよう（体積）――

　　　　　　　　　　　　　　　　　　　　　伊藤由美子

1　この実践で提案したいこと

　問題解決型は、子どもの活発な思考活動を促し、より質の高い学力を身に付けさせることに有効なものと言える。しかし、パターン化された問題解決学習では、子どもたちに十分な思考をさせることができないし、高い学力を身に付けさせることもできない。
　教師が問題を出す。子ども一人一人がノートにその解決の式などを書く。算数の得意な数名の子どもが発表する。それを教師がまとめ、子どもたちはそれをノートにとる。……このような「型」にはまった問題解決型学習では、子どもたちの思考は十分に展開していかない。高い学力も身に付くこともない。
　まずは、子どもたちが問題を解きたいという強い意欲をもてるような豊かな問いを、教師は周到に準備しなければならない。また、子どもたちの様々な考え（解決方法）が子ども相互で交換される場が準備されなければならない。それも、ペアでの交換、グループでの交換、学級全体の交換など、様々な場が必要である。そして、交換を超えて、新しい発見や創造につながっていくような働きかけ・助言を教師は行っていく必要がある。子どもたちの小さい気付きを拡大したり、未熟な思考・表現を数学的な思考・表現に高めたりという働きかけ・助言である。また、子どもたちの考え（解決方法）を価値付け、相互に関連させ構造化させていく働きかけ・助言である。

そこで、本単元の授業づくりの観点として、次の2つを提案する。

(1) 問う心を育てる

　子どもが、本当に「おや？」「不思議だな」と感じる場があって、自ら追究の行動を起こしていくことが主体的な学習につながる。教師が「この問題を考えましょう」と与える場合であっても、そこに子どもの不思議心が生まれ、その不思議心から問題解決の糸口が見つかり、学習のめあてがみんなのものとなる。そして新たな発見や新たな問題が生まれてくる。

　子どものその不思議心や新たな問題が「子どもの問い」である。「問う」子どもは問題に対して何か自分がはっきりさせたいことがあると思っている。

　つまり、問う心をもっている子どもは、算数的な事象に好奇心をもっており、数学的な考え方や算数への関心・意欲・態度を身に付けようとしている子どもである。だからこそ、どの子どもにも「問う心」をもたせたい。

　そこで、子どもたちが問わざるを得ないような場づくりを工夫する。つまり、指示的アプローチはなるべく控え、子ども自らが「問い」を発し、動き出すような学習指導のあり方を研究していきたい。

　例えば、
　「あれ？　不思議だな。」
　「なぜ……。」
　「こう考えれば……。」
　「きっと……。」
　「あ、面白いことが分かった。」
等、問題に自ら働きかける「問い」は、学習過程のいろいろな場面で生まれるが、特に導入での「問い」は、学

習課題につながるものが多く重要である。
　そして、子どもの「問い」の連鎖を予測することが、教師が授業を構成することにつながっていく。「問い」を引き出すための教師の発問や課題を考えたい。

(2) 数学的な表現を通して、子ども同士のかかわりを深める
　既習事項を基に、言葉や数、式、図を用いて考えたり、説明したり、互いに自分の考えを表現し伝え合ったりする場を積極的に設定していく。そして、数学的に表現された式や図を読ませ、友達の考えの続きを説明したり、自分の考えを伝えたりすることによって、式や図などの数学的な表現と言葉とをつないでいけるようにする。
　問題を解決する式や図を黒板に書いた子どもが説明するということを、いつも書いた本人が説明するのではなく、書いた子とは別の子が説明する方法もある。「誰かに説明してもらいます。」ということになれば、自分のノートに同じものが書かれていても書かれていなくても、その図や式を読み取り、説明を考えるようになる。
　直方体を組み合わせた立体の体積をどのように分けて求めたかを、書かれた式から図を予想させることもできる。またその逆もできる。
　このようにすれば、一部の子どもの意見だけで進行する授業とはならない。いつも、どの子どもも、関わりの渦の中に追い込まれるような授業でありたい。みんながその発表の時間に参加でき、前向きになれる授業である。
　また、子どもたち同士の考えをつなぎ、子どもの数学的な考え方を育てていくために、互いの考えの相違点や共通点を考えさせたり、問い返しをしたりすることも大切にしたい。一見異なると思われるものが、別の視点を当てられることによって同じ仲間に見られる。見方を広げ、柔軟な思考力を育てることになる。

心は大きく動き、算数の授業における感動を味わうことができる。

数学的な考え方とは、算数・数学が構成されていくときの中心となる「見方や考え方」のことであり、算数・数学の原理・法則の基礎を支えている考え方のことである。

また、問題解決のための手立てや着眼点、知識や技能を引き出す原動力となるものである。

数学的な考え方を次のように捉える。授業では、子どもの気付きから「○○の考え方」「○○方式」というようにネーミングし、子どもの算数に関する見方や考え方を広げたり深めたりしていくことを大切にしたい。

①帰納的な考え方……個々の具体例を確かめ、共通に成り立つルールや性質を見つけ出そうとする考え方。
②類推的な考え方……類似する既習事項から、ルールや性質が成り立つだろうとする考え方。
③演繹的な考え方……前提として与えられたいくつかの明らかな事柄から、論理的に結論を導き出そうとする考え方。
④一般化の考え方……一つの対象において一般性を見いだしたり、その対象を含む集合全体で成り立つ一般性を求めようとする考え方。
⑤特殊化の考え方……ある事象を捉えようとするとき、特別な場合を考えることにより一般的な考察に生かそうとする考え方。
⑥記号化の考え方……数量や図形などの記号で表したり、その記号を処理するルールを決め、形式的に処理したりする考え方。

⑦単純化の考え方……簡単な基本的な場合に置き換えて考えようとする考え方。
⑧統合的な考え方……それぞれの事柄について、より広い観点から本質的な共通性を見いだし、同じものにまとめていこうとする考え方。

　これら数学的な考え方のよさは、「簡潔さ、明瞭さ、的確さ」と、それに基づいてきまりや法則を見つけていこうとすることである。このことは、子どもの算数を活用しようとする意欲を高めることと、子どもにとっての学習が意味あるものになっていくことにつながる。

2　教材紹介と教材研究

(1) 子どもと単元

　子どもたちは、6年生の5月に直方体と立方体の学習で、構成要素（面、辺、頂点）に着目したり、直方体と立方体の見取図や展開図のかき方などを学んだ。また、直線や平面の平行や垂直の関係について観察したり、構成、分解したりする作業的・体験的な算数的活動に積極的に取り組むことができた。
　課題に対して、どうしてそうなるのかといった疑問を解決するために、知恵を出し合いながらみんなで解決していこうとする子どもが多い。しかし一方で、自分の思いや考えを出し、話し合い活動に積極的に参加する子どもが限られてきているという実態もある。
　レディネステストの結果から、長方形や正方形、凹形の面積の求積はどの子もできていたが、「はがきの面積に使うと分かりやすい単位は？」という問いに対して「m^2」と答えるなど、単位の意味や面積の量感覚を充分に把握できていない子どもがいることが分かった。この量感覚は本

単元の基礎となる部分であるので、復習を取り入れ、レディネスを整えてから、本単元を進めていきたい。

本単元では、長さや面積などの単位量のいくつ分で表す考えを基にして、立体の体積も単位の大きさを決めるとそのいくつ分として数値化して捉えることができるなど、単位や測定の意味を理解し、立体の体積を求めることができるようにすることが主なねらいである。体積は一辺が1cmの立方体の個数で表すことができるといった体積の意味を捉え、簡単な立体の体積を求めるための方法を探っていく。それらの学習を通して、立体図形を切ったり移動したりして臨機応変に変形できる力や、かさに対する量感を育てることができる。

体積は、三次元に広がりをもつ空間領域の大きさの程度を表す量である。体積には、保存性、加法性、乗法性といった性質がある。これらの性質とつないで体積の概念を理解することが重要である。

「体積」という概念は3年生の「かさ」以来学習していない。そこで、体積への関心をもたせるために、具体物による操作活動を多く取り入れていく。また、授業外の時間にも子どもが模型などに自由に触れられる学習環境を整えていく。

体積の公式の指導に当たっては、長方形の面積を求めた場合を想起させながら、普遍単位1cm^{3}をきちんと敷き詰めた1段分の個数を「縦×横」、その1段分の個数を「高さ」分だけ積み上げていくということをしっかり理解させたい。そのために、1段1段を意識できるような模型を用意する。そしてこの理解は、直方体や立方体、またはそれらが組み合わさった立体の体積の求積に生かされ、柱体の体積「底面積×高さ」の理解へとつながっていく。

既習事項を基に、言葉や数、式、図を用いて考えたり、説明したり、互いに自分の考えを表現し伝え合ったりする場を積極的に設定していく。その中で、互いの考えの相違点や共通点を考えさせたり、教師が問い返

しをしたりすることによって、子どもたち同士の考えをつなぎ、数学的な思考力を育てていきたい。

(2) 本時の内容の位置づけ

　立方体・直方体の体積は、正方形や長方形の面積の求め方と同じように、一辺が1cmや1mなどの単位体積の立方体を積み重ねたものとして数値化し、求めることができる。したがって、長方形の面積を求めた場合からの類推によって、縦、横、高さを測ることにより、計算で体積を求めることができることを理解し、

　　（直方体の体積）＝（縦）×（横）×（高さ）

という公式を導くことになる。その際、例えば単位体積の立方体をきちんと敷き詰めた1段分の個数を（縦）×（横）、その段に個数を（高さ）でそれぞれ表すことができることについての理解を確実にする必要がある。

　新学習指導要領では、立体図形の構成要素は第4学年、直方体・立方体の体積の求め方は第5学年、角柱・円柱の体積の求め方は第6学年で学習することになっている。今回（2009年6月）、この単元では三角柱の体積を求める学習も発展的な扱いとして学習することとした。直方体や立方体、またはそれらが組み合わさった立体の体積について学習し、その求め方について理解を進めていく。その際の、「他の立体も体積が求められるのではないか」といった問いから三角柱の求積へと学習を展開していくことで、自分の考えた求め方を筋道を立てて説明しようとする知的なコミュニケーションが図られ、子どもたちの数学的な思考力をさらに育成することができると考えた。

　ここでは、移行期ということからも、図形領域での指導と関連させて、角柱（三角柱、四角柱など）及び円柱をまとめて柱体と見ることができること、「底面」「側面」の用語を学習しているので、（柱体の体積）＝

（底面積）×（高さ）と表すことができ、その表示のよさについても気付くことをねらいとしたい。

(3) 指導の立場からの問題点

子どもたちは直方体・立方体の体積を、底面に敷き詰めた単位体積の立方体の1段分、2段分……という見方をしている。しかし、立方体・直方体などを含めて、柱体を底面を平行に移動させてできた図形としての見方はできていない。

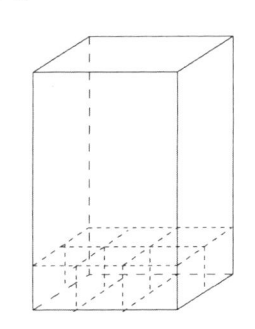

1段

柱体の体積は、（直方体の体積）＝（縦）×（横）×（高さ）の式を、結合法則により、｛（縦）×（横）｝×（高さ）とすれば、（縦）×（横）は直方体の底面上に並んでいる単位体積の立方体の数であり、この数は、底面の面積を表す数であるとも考えられるので、

（直方体の体積）＝（底面積）×（高さ）

三角柱や多角柱、さらに円柱についても、いわゆる類推の考えに基づいて見通しをつけ、

（柱体の体積）＝（底面積）×（高さ）

と一般化して見られるようになる。このためには、柱体を底面を平行に移動させてできた図形であるという見方ができるようになることが望ましく、底面に平行に切った切り口の図形は、どこも底面の図形と合同で

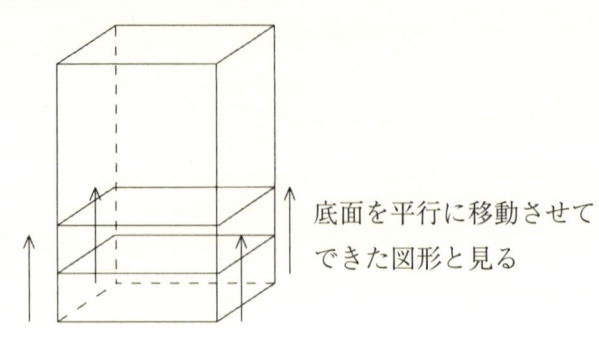

あるといった理解が重要になってくる。

底面を平行に移動させて
できた図形と見る

　直方体・立方体について考えてきたアイディアが他の柱体の体積を求める場合にも使えないか、つまり、既習事項を活用して新しい内容を発見的に捉えさせながら、筋道立った考えや表現をしていく活動を重視することにより、数学的な考え方を伸ばしていく。さらに、簡潔に一般化された式から、もう一度具体的な事象を考察する経験も大切にしたい。この両面を学習することにより、柱体という概念や体積の求め方をさらに一般化して捉えることができる。

(4) この授業で育てたい数学的な考え方や表現
　「かかわり合う」子どもを育てるには、相互交流において「問う心」がわき起こるような場づくりを工夫しなければならない。
　自力解決で得た自分の考えと友達の考えを比較してもう一度考え直したり、友達の考えを基にして「○○さんはどう考えたのかな。」「同じところはどこかな。」「違いはどこかな。」等、友達への問いを発しながら、友達の考えをくみ取ったり、そのよさに気付いたりする場を意図的に設定する。その際、時には、教師が子どもの思考を「揺さぶる」ような発問を投げかけ、立ち止まって問わせることも必要である。さらに理解が深まり新たな問いが生まれると、次の学習への意欲に繋がることとなる。

ねらいの達成のために、自力解決の後は、友達の発表を聞き合うだけでなく、式から図を読んだり、図から式を読んだりということを行っていく。教師と子どものやりとりだけではなく、子ども同士のやりとり、グループの中での伝え合いなどによって、数学的な思考が高まっていくようにしたい。

○**本時で取り上げたいと考えている数学的な表現**

| 既習の直方体に変形すれば求められるという考え |

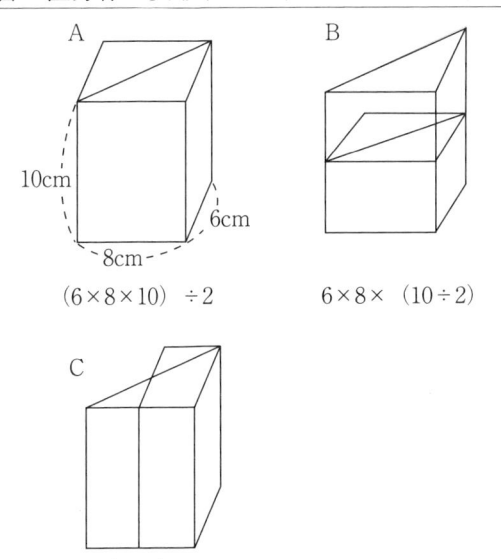

A
10cm, 8cm, 6cm
$(6 \times 8 \times 10) \div 2$

B
$6 \times 8 \times (10 \div 2)$

C
$6 \times (8 \div 2) \times 10$

| 底面積と高さで体積は決まるという考え |

D 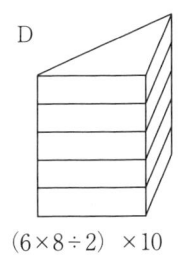
$(6 \times 8 \div 2) \times 10$

> 柱体は「底面積×高さ」で体積を求めることができるという考え

・同じ形、同じ面積の底面が2つある。
・2つの底面は平行である。
・底面に対して高さは垂直の位置関係にある。
・底面と平行に切ったとき、どの切り口も底面と同じ形、同じ面積。
・底面積が分かれば、底面が三角形や六角形、円であっても、底面積に高さをかけることによって体積は求められる。

3 単元計画

(1) 単元名
6年生　かさを調べよう（体積）

(2) 単元の目標
①単位の大きさを決めると、そのいくつ分かで数値化できることに気付き、身の周りにあるものの体積を調べようとする。
②単位となる大きさを基にして、立方体や直方体、またはそれらが組み合わさった立体などの体積の求め方や公式を考えることができる。
③立方体や直方体、またはそれらが組み合わさった立体などの体積を求めることができる。
④体積の単位と測定の意味が分かり、必要な辺の長さを測ると立体の体積が計算によって求められることを理解する。

(3) 単元の構想（総時数11時間）

時	学習活動	教師の主な指導と手立て
1	①2つの立体の大きさ比べをする。	●直接比較や間接比較、単位のいくつ分などで考えていけるように、長さ

	●直方体と立方体の大きさを重ね合わせて比べる。	や面積などの既習事項を基にしていく。
2	②直方体や立方体、複合図形の体積の求め方を考える。 ●直方体や立方体の体積を一辺が1cmの立方体に置き換えて考える。 ●体積の用語や単位cm³を知る。	●体積も長さや面積と同じように、普遍単位を用いることにより比較や測定ができることをおさえる。
3	●1cm³の立方体がいくつ分あるのかを考え、それを基に公式にまとめる。	●辺の長さは、その辺に並ぶ1cm³の立方体の個数になっていることを確認する。
4	●1m³の立方体がいくつ分あるのかを考え、m単位の直方体や立方体の体積を公式を用いて求める。	●大きなものの体積は一辺が1mの立方体を単位にするとよいことに気付かせるために、面積の学習と対比する。
5	●1m³と1cm³との関係を調べる。	●量感を大切にするために1m³の模型を用意する。

6	●1ℓと1cm³との関係を調べる。	●1ℓ＝1000cm³を捉えやすくするために、1ℓますを用意する。
7	●不定形の体積の概測をする。	●およその体積が求められるよさに気付くことができるよう、概形を捉えていく。
8	●直方体が組み合わさった形の体積の求め方を考える。	●長さを測定する部分を判断できるように、複合立体の実物を用意する。
9 (本時)	●柱体の体積の求め方を考える。	●「底面積×高さ」で求積できる立体を考えることができるよう、様々な立体模型を用意する。
10 11	③単元のまとめ ●既習事項を使ってオリジナル1000cm³の立体を作る。	●作った立体を互いに見合うことで、1000cm³の量感を育てていく。

4　授業案と授業記録

第9時（9／11）
日　時：2009年6月12日（金）10時15分～11時30分
学　級：6年B組（男子15名、女子19名、計34名）
授業者：伊藤由美子

2 問う心がわき起こる算数の授業

(1) 本時の授業案
①本時のねらい

　三角柱の体積を直方体の体積の求め方と関連付けて考え、求積方法について話し合うことを通して、柱体の体積の求め方を「底面積×高さ」と捉え直すことができる。

②展開

時間	学習活動	教師の指導　評価
10分	① 三角柱の体積を求めるために長さが必要な辺はどこかを考え、体積を求める。 （6cm、8cm、10cmの三角柱の見取図） 三角柱の体積の求め方を考えよう。 ●直方体にできないかな。 ●2個組み合わせるとどうだろう。 ●補助線を引くと分かりやすい。 ●底面の形は三角形だから……。	●関心を高めるために、情報不足の見取図を提示する。求積できないというつぶやきが出たら、どの辺の長さが分かれば求めることができるかを問う。 ●既習の直方体や立方体、補助線を引いて考えた複合立体の体積の求め方を想起できるよう、学習環境を整えておく。 （自力解決する場面での教師の支援） ●自分の考えをノートに書く時間を保障するために、立体の見取図を印刷したものや立体の実物をグループごとに用意する。 ●子どもの考えをつないでいけるように、机間指導では個別に指導するとともに、クラス全体の解決の傾向をつかみ、指名計画に生かしていくようにする。
20分	②求積の方法について	（練り合いの場面での教師の支援）

		話し合う。 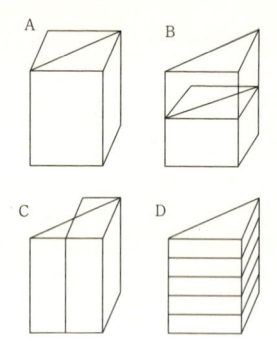 A　　B C　　D	● 話合い活動に積極的に参加することができるように、多く反応が出ると予想されるA（倍積する考え）から取り上げ、根拠を問うことから始める。 ● 三角柱も既習の考えを使うと体積を求められることを理解できるように、式や数字の意味を追求させるための問い返しをしたり、グループでの話合いの時間を保障したりする。
10分	③	「底面積×高さ」で求積できる立体を考える。	● 1段目の体積を求めて高さをかける方法を思い出し、「底面積×高さ」のイメージをもつことができるよう、高さ1cmの三角柱を積み重ねたものを用意する。 ● 選びながら検討し、説明ができるように、立体模型を提示する。
5分	④	本時の学習をふり返り、感想を発表する。 ● 柱体は、底面が平行で同じ面積なので、「底面積×高さ」で体積を求めることができるんだな。 ● 友達の考えが参考になった。	三角柱の体積を直方体の体積の求め方と関連付けて考え、求積方法について話し合うことを通して、柱体の体積の求め方を「底面積×高さ」ととらえ直すことができる。 〈ア－3、ウ－B－22〉（ノート、発言） ● 今日学んだことや友達の考えとかかわっている感想を価値付け、みんなで話し合って考える楽しさが感じられるようにする。

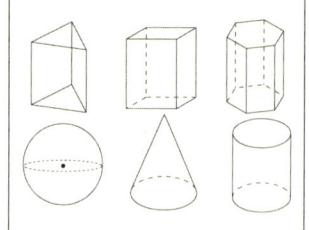

(2) 授業記録とコメント
①三角柱の体積を求めるために長さを知りたい辺はどこかを考え、体積を求める
教師1　一昨日、Kさんの後ろに貼っているL字型の立体、みんなはカギかっこの形って言ったんだけれども、その形の体積の求め方を勉強しました。
　　　その時にSさんが、いろいろな求め方を考えていて、中には三角に区切るのも考えてくれたんです。Sさんはきっと三角に区切った形でも体積を求められるんじゃないかって考えたんですね。
　　　今日は、みんなでその形を勉強してみたいと思います。この形です。
　　　(黒板には見取図、そしてオアシスで作った実物を提示。しかし、長さはまだ与えない。)
子ども　(口々に)三角柱だ。
教師2　この立体、体積は求められそうですか？
子ども　はい。
教師3　案外簡単に「はい」って言うんだねえ。
子ども　四角柱の体積は求められるから、そのことを使う。
子ども　底面×高さでできるんじゃないかな。
教師4　じゃあ、もう求めてくださいと言ったら求められる？
子ども　できない。長さが分からない。
教師5　長さを知りたいね。どこの長さを知りたいですか？
子ども　縦。
教師6　縦ってどこ？　前に来て指さしてください。
子ども　(指さしながら)ここです。

教師7　ここは6cmです。もういいですか？
子ども　いや、横も。
教師8　みんなが言う横ってどこ？
子ども　さっきの縦と直角になっているところ。
教師9　この直角マークをよく見ていましたね。ここは8cmです。もういい？
子ども　高さも。
教師10　（子どもの指さしの後）10cmです。あとはいいですか？　さっき出された2つのアイディアは、同じなのかな。
子ども　少し違うと思う。
教師11　なるほどね。もしかしたら、一昨日のように、いろいろな考えで求めることができそうですね。そこで、今日のねらいは……（板書）一緒に書きましょう。（この後全員で読む。）

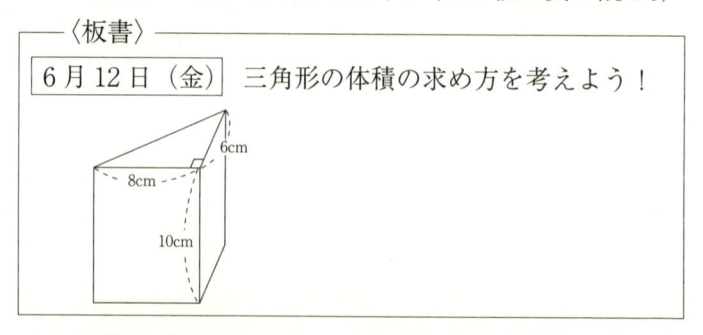

〈板書〉
6月12日（金）　三角形の体積の求め方を考えよう！

（図：三角柱　6cm、8cm、10cm）

教師12　この実物を手に取ってじっくり考えたいなあという人もいると思うので、今配ります。それから、この前と同じようにカードを配りますので、カードをノートに貼りながら、やり方をノートにきちんと書いていきましょう。時間は8分です。いっぱい考えられるといいね。それではどうぞ。

コメント1：始めから机は4人グループにしておき、グループに実物2～3個と見取図を印刷したカード15枚程度を配っていった。

　切ったり、移動したりして、変形して考えることがしやすいように、底面が直角三角形の三角柱を与えた。生け花用の給水スポンジで作った三角柱である。アレンジメントの底に仕込んであるこのスポンジは、強く握ると手の跡が付くという欠点があるが、教師側としては成型しやすいという利点もある。

　前時にL字型の立体の求積を学習しているので、「一昨日のように横に分けたり、付け足したり、積んだり、組み合わせたりできそうだ」という見通しをもって学習に臨むことができる子がほとんどだった。

　教師はその間、個別指導にあたった。考えが止まっている子へのアドバイス、一つ解決方法を見つけた子への次の考えの促し、式に使われた数字の問い返しや、見取図に書かれた補助線の意味を聞くことも行った。

　それと同時に、ホワイトボードに図と式両方、図だけ、式だけ——というように書かせる子どもの計画を立て、指示していった。用意していたホワイトボードは予備も含めて5枚であった。

コメント2：ここでは、次のように子どもの「問い」を予測しながら、机間指導した。
「今日は三角柱だ。」
「まだ体積を求めたことがない。縦×横×高さは使えるかな。」
「まだ体積を求めたことがない。でも求められそうだ。」
「でも、長さが書かれてない。」

「長さが分かった。どうすれば求められるかな。」
「前の時間のことが使えるかな。直方体にするのかな。」
「2個組み合わせるとどうなるだろう。」
「見取図に補助線を引くと分かりやすくなる。」

②求積の方法について話し合う

教師13 このホワイトボード、Yさんが書いてくれました。これを見ただけで、Yさんの考えが分かるかな。

子ども (「あー」という声が漏れる。) 付け足し方式だ。

教師14 なるほど、付け足し方式。一昨日（L字型をやったとき）この名前が出たね。それではYさんの説明を聞いてみましょう。自分が思っていることと同じかなと考えながら聞いてくださいね。

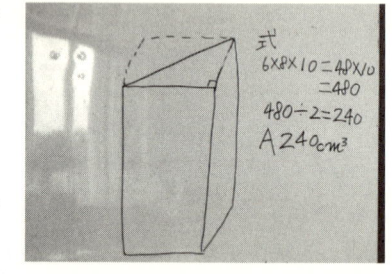

子ども 補助線を引いて直方体に見立てると、縦6cm、横8cm、高さが10cmになります。$6 \times 8 \times 10$ で480cm^{3}になります。でもこれは、三角柱2個分の大きさだから、2で割って三角柱の体積にします。
$480 \div 2 = 240$cm^{3}になりました。

教師15 Yさんの説明とみんなの考えと同じですか？

子ども はい。

教師16 みんなに聞くけど、どうして2で割ったの？

子ども　2個分だから。÷2にしないと。
子ども　÷2にしないで、6×8×10だと、直方体の体積。
　　　　縦×横×高さ÷2にすると、半分になって、それが三角柱だから。

> コメント3：一人目には図と式と両方を書かせ、説明させた。多くの子どもがこの求め方をノートに書いていた。底面が直角三角形の三角柱は、2個合わせると直方体になるという見通しを多くの子どもがもっていたからであろう。÷2にはあえてもう一度「どうして？」とわけを問うことにした。面積でも体積でも、全体を求めて2で割るという問題がよく見られる。どの子にも理解してほしい大切な考え方だからである。

教師17　次は、Hさんの考えなんだけれども、Hさんは図を書かずに式だけ書いてくれました。式から図が想像できるかな？
子ども　あー、分かった。
教師18　分かった！っていう人が少ないから、グループで話し合ってみようか。
　　　　（1分程度、4人グループによる話し合い。教師は机間指導をし、指名の計画を考えた。グループでは、実物を片手にここで切ったというように手を動かしたり、自分のノートを指さしたりする姿が見られた。）
教師19　あちらこちらから、「切った」というキーワードが聞こえてきました。そうすると補助線を引くことになるのかな。補助線をRさんに引いてもらいましょう。
　　　　（Rが補助線を引いて、説明を始める。）

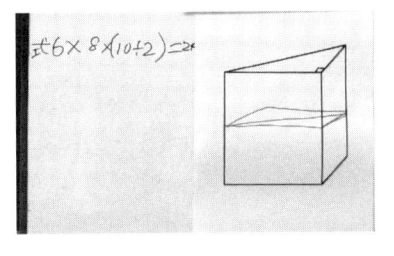

子ども　Hさんの考えは、真ん中の部分から三角柱を切って、上の部分を下にもっていくか、下の部分を上にもっていくかして直方体にします。縦×横×高さなんだけど、切って高さが半分だから、6×8×（10÷2）という式になったと思います。

教師20　10÷2というのは何のことなの？

子ども　直方体の高さ。

子ども　横に分けて切ったから、高さが÷2にされて、半分になった。

教師21　これもまた、直方体にすると体積が求められるということですね。

> コメント4：二人目の発表は、式だけを与え、図を考えさせるという意図で行った。どんな補助線を引いたのかを全員にイメージさせるため、グループの話し合いの時間も短時間であるがとることにした。「分かった！」と考えがひらめいた子どもたちを中心に、「あれはね、きっと……」というように、式の中の10÷2と括弧（）の意味をみんなで考えることができた。「話したい」「ひらめいた考えを伝えたい」とうずうずしている様子であった。

教師22　それでは次ですよ。3つめは、Kさんが図だけ書いてくれました。図から式が読めるかな？

子ども　（口々に）ああ～。
（それぞれ相談を始めている。）

教師23　式が読めましたという人？　Nさんどうぞ。

子ども　6×8÷2×1×10
（口々に、「×1はいらないんじゃない？」「いや、いる」とつ

ぶやいている。)
教師24　×1がなくてもいいと、つぶやいている人がいるけれど……。
子ども　でも、その図では1があった方がいい。
子ども　×1がないと、面積になっちゃうんじゃない？
　　　(「あー」というつぶやき)
　　　10個に等分した分け方だから。今は体積を求めているんだから。
教師25　そうすると、1をかけることによって、この斜線部分になるということなのかな。でもさっき、×1はいらないってつぶやいた人もいたね。どっちなんだろうか。
　　　(色水と透明の四角柱のますを用意)

> コメント5：底面から平行に10等分した図から子どもが予想した式は、6×8÷2×1×10であった。「×1は必要」「×1はいらない」とつぶやく子どもたち。この子どもたちの考えのずれを生かして、三角柱の体積を、底面に敷き詰めた単位体積の立方体の1段分、2段分……という見方から、底面を平行に移動させてできた図形としての見方ができないかと考え、この場面で色水と透明の容器を出すことにした。また、ここで登場させるべきは三角柱の透明容器であろうが、当日用意できなかったため、直方体の透明容器を使うことにした。直方体の透明容器を使ったために、話の焦点が三角柱→直方体→三角柱と行ったり来たりしたのは、子どもたちにとって分かりにくかったであろう。

教師26　直方体の公式は縦×横×高さだったね。色水を入れますね。
　　　どんどん水が増えていきます。水が増えると？
子ども　高さが増える。
子ども　体積が増える。

教師27　そうだよね。体積は縦×横×高さだったね。今度は水を減らします。もっともっと減らします。今、高さは何cmくらい？

子ども　3cm

教師28　もっと減らします。高さ1cmになりました。もっと減らします。

子ども　0.5cm？　もっともっともっと。

教師29　0.1cm。もっと減らそうかな。1ミクロン。

子ども　水滴が残ってる。

教師30　水滴は許してね。高さはどうなりましたか？

子ども　ない。なくなった。ゼロ。

教師31　（縦×横×高さを板書しながら）高さがゼロになったんですね。（縦×横にアンダーラインを引きながら）縦×横って何ですか？

子ども　底面。底面に並ぶ数。

教師32　（Kの書いた図を指さしながら）さっき、この図で言えば1cm分の1をかけなきゃだめだ、いや1はいらないともやもやしたんだけれども、今はどう？　ゼロになりました。そして残っているのは？

子ども　底面のペラペラ。

教師33　ペラペラね。うまい表現だねえ。ほら、見て。（底面を見せる。底面には1cmの方眼を貼り付けている。）面積が底にはあるんだね。

子ども　あるけど、高さがないから。ペラペラ。

教師34　ペラペラってことは体積は？

子ども　ゼロ。
教師35　だけどほんのちょっと水が入ることで……。
子ども　ちょっと高さが生まれる。
教師36　そうすると、三角柱の体積も縦×横×高さのような公式ができるんじゃないかな。
子ども　5年生で、面積を求めるときに、縦×横÷2にしたので、今度は、縦×横×高さ÷2にすればいい。あ、底辺×高さ÷2。
子ども　三角形の公式。
教師37　(「底辺×高さ÷2」と板書しながら) 次は、何だっけ。
子ども　×高さ
教師38　(「×高さ」と板書しながら) ん？頭がこんがらがってきちゃったなあ。「高さ」が2つあるよ。底辺×高さ÷2×高さ。
(相談を始める。)
教師39　発表をどうぞ。
子ども　1つめの「高さ」は、底面の三角形の面積を求めるときに使う高さで、2つめの「高さ」は、三角柱の体積を求めるときに用いる高さ。柱の高さ。
教師40　なるほど、2つめの高さは、角柱の高さ。そして、底辺×高さ÷2は底面の面積なんだね。つまり、三角柱の体積は「底面の面積×高さ」とまとめられそうだね。(板書)

コメント6：0 (ゼロ) という特殊な場合を扱った。この教師の操作を見て、「底面のペラペラ」と表現した子どもたちは、「底面」や「平行移動」という表現はできないものの、三角形の底面を平行に移動させてできた図形が三角柱であることを、イメージしていた。また、「高さ」と表現したものが何を表すのかを全員で共有する必要があると思ったので、この場面で教師がすんなり飲み込まずに、

> 子どもたちにもう一度問い返しをした。

③ 「底面積×高さ」で求積できる立体を考える。

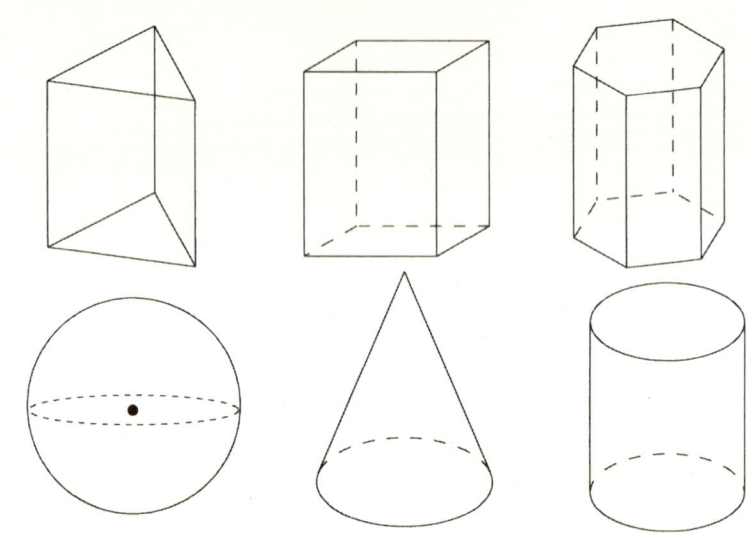

教師41　（正三角柱、四角柱、正六角柱、球、円錐、円柱を用意し、見せながら）さて、今ここに、用意した立体は、「底面の面積×高さ」で求められそうかなあ。

子ども　（口々につぶやいている）

教師42　Tさん、こちらに来て、立体を分けてみてください。

子ども　（「正三角柱・四角柱・正六角柱」と「球・円錐・円柱」に分ける。）求められる方は高さがあって、求められない方は高さがないと思います。

教師43　同じ考えの人？（挙手多数）いや違うと思う人？（ゼロ）

> コメント7：「求められる方は高さがあって、求められない方は高さがない。」と自分の分け方の理由を説明した子ども。おそらくは、

直線の辺が見えない、だから求められないということであろうと予想した。そこで、見ているみんなは同じ考えなのか、その理由に一人一人ずれはないのか、一つ一つの立体を検討していくこととした。

教師44 球はできる？ できない？
子ども できない。
子ども 縦、横、高さがどこなのか分からないから。頂点とか。
子ども 縦、横、高さが分かれば、公式が使える。
教師45 四角柱はできますか？
子ども できます。
教師46 円柱はどう？
子ども 縦と横が分からない。でも高さは分かる。
（「えー、でも……」という声があちらこちらから上がる。）
教師47 少しグループで話し合ってみようか。

コメント8：「えー、でも……」というような、子どもの心が動いた瞬間に出てくる子どものつぶやきを、聞き逃さないようにしようと常々考えている。なぜなら、このような反応を示した子どもたちは、教材や友達の考えに対して自ら働きかけ、考えているのである。「問い」をもった子どもと言える。この瞬間、一人の子どもを指名する方法もあろうが、あえてグループの中で十分に話させることが大事であると考えている。「伝えたい」「話したい」という思いが、その子の表現力を育てていく。拙いながらも話すことで、考えがまとまってくることもあると考える。

　グループの話し合いは2分程度、実物を見せ、次の指名計画を考えながら教師は机間指導した。子どもたちは「底面は円だから、円の面積は求められる。」「確かに縦と横はないけど、測れば半径は分

かりそうだ。」という話をしていた。

教師48　「底面の面積×高さ」で求めることができると思う人は？（全員挙手）大逆転したね。理由をどうぞ。

子ども　（スティックのりを片手に持ちながら）円柱の底面は円で、円の面積は半径×半径×3.14で、それに円柱の高さをかけると、体積が求められると思います。

子ども　同じです。

子ども　いいと思います。

教師49　（円錐を手に取り）後で勉強しますが、これは円錐と言います。この形にも円が見えるんだけど、体積の求め方はどうだろう。

子ども　今はできない。

教師50　どうして？

子ども　公式が分からない。

子ども　円の公式なら分かるけど。

子ども　上の方が小さくなっているし。

子ども　底面が一つしかない。今までの立体は底面が２つあるけど、円錐は底面が一つしかないからできない。

教師51　この中で、底面が２つあるのはどれだろう。

子ども　三角柱と四角柱と六角柱と円柱。

教師52　円錐と球の底面は？

子ども　円錐は一つ。球はゼロ。

教師53　（三角柱と四角柱と六角柱と円柱の図を指さして）こちらの立体は、下からどこを切っても……。

子ども　同じ大きさ。

子ども　底面の面積が同じ。

教師54　球や円錐はどうだろう。

子ども　同じじゃない。球は、中の方が切り口が大きい。
子ども　円錐は上に行くとどんどん小さくなる。
教師55　「底面の面積×高さ」は使えそうですか？
子ども　使えません。
子ども　角柱や円柱は使えるけど、それ以外は使えないです。
教師56　じゃあ、使える方の特徴をまとめてみましょうか。
子ども　角柱や円柱など、柱ならできます。
子ども　底面が2つ。
子ども　切り口が同じ。
子ども　同じ形で同じ面積だから、高さをかけ算してもいい。
教師57　それに対してこちらは……。
子ども　切り口の大きさが違うし、底面が1個かゼロ。
教師58　さっきみんながおもしろいこと言ったね。今はまだ求められないけど、いずれ求められそうだって。
子ども　はい。
教師59　それを調べてみるのも面白いかもしれないね。では、今日の感想をノートに書いてください。分かったことや友達の考えを聞いて思ったことなどを書けるといいね。
（時間になってしまったので、感想発表は次の時間に行った。）

コメント9：グループで話し合った後、「円柱は『底面積×高さ』で求められない」から「求められる」に全員変わった。底面積は分かっている。高さも測れば分かる。それに対して円錐は上の方が小さくなっていくし、底面が一つしかないところが円柱と大きく違う……というように既習の算数の言葉を使いながら説明することができた。
　立体の学習をしたときに、角柱や円柱の構成要素、底面や側面の用語を学習したが、ここであらためて、柱体を一つの同じ仲間とし

て捉えることができたことは収穫であった。

　そして、本時を「三角柱の体積をいろいろな方法で求めることができる。」というねらいで行うことも考えたが、最終的には「三角柱の体積を直方体の体積の求め方と関連付けて考え、求積方法について話し合うことを通して、柱体の体積の求め方を『底面積×高さ』と捉え直すことができる。」としたことは、とても意味があったように思う。

【最終板書】

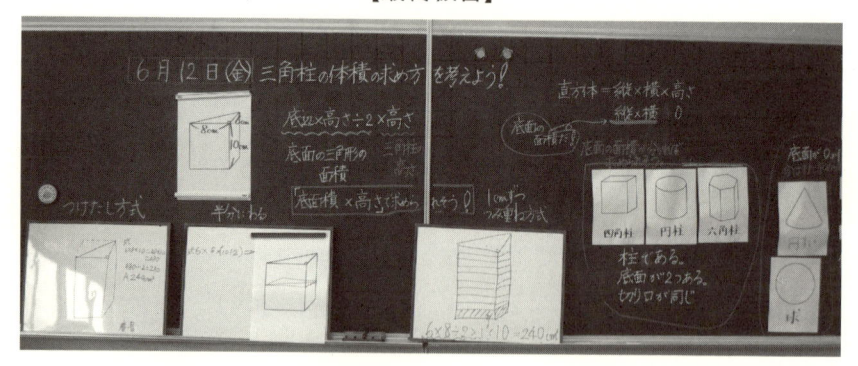

5　成果と今後の研究課題

(1) 授業の成果

　「かかわり合う」子どもを育てるには、相互交流において「問う心」がわき起こるような場づくりを工夫しなければならない。ねらいの達成のために、自力解決の後は、友達の発表を聞き合うだけでなく、式から図を読んだり、図から式を読んだりということを行った。情報不足の数学的な表現を見たときに、その方法で既に解決している子どもは自分と同じ求め方であることに気付いたり、その方法を思いつかなかった子ど

もは、既習事項を思い起こしながら考えをつないでいったりすることができる。

　さらに、教師と子どものやりとりだけではなく、グループの話し合いも設定した。「あの図は、直方体になっているから、こういう式になるはずだ。」とか、「あの式からすれば、補助線はこうなるんじゃないか。」というように類推的に考えて解決しようとする姿が見られた。そして、数学的に表現された図や数、式を使い、互いに自分の考えを表現し伝え合う姿が見られた。

　自力解決で得た自分の考えと友達の考えと比較してもう一度考え直したり、友達の考えをくみ取ったり、そのよさに気付いたりする場を意図的に設定した。その際、「なぜ」「どうして」「10÷2は何のこと？」というように教師が子どもの思考を「揺さぶる」発問を投げかけ、立ち止まって考えさせることで、一部の子どもの意見だけで進行する授業とはならずに、どの子どもも、かかわることのできる授業となる。さらに理解が深まり新たな問いが生まれると、次の学習への意欲につながることとなる。

　「底面積×高さ」の理解をより確かにするために、いろいろな立体を提示し、「底面積×高さ」で求積できる立体を選ぶ活動を取り入れた。三角柱の求積方法について話し合った子どもたちは、数学的な言葉を使い、互いにかかわりながら、それらの立体を柱体とそれ以外の立体に分類していくことができた。立体の学習をしたときに、角柱や円柱の構成要素、底面や側面の用語を学習したが、三角柱は三角柱、六角柱は六角柱、円柱は円柱というようにバラバラに立体の名前として捉えていた子どもも、ここで改めて、柱体を一つの同じ仲間として見ることができるようになった。

　また、学習後、「今はまだ円錐や球の体積の求め方が分からないけれども、いずれはできそうだ。」という感想があった。円錐や球にも「も

ののかさ」を認め、いずれは求めてみたいという子どもたちの意欲がうかがえた。

(2) 課題
　子どもたちは、直方体の体積を求める公式からの類推によって、角柱や円柱の体積を求める式を既に知っていたと考えられる。フィードバックすることでかえって子どもの思考を停滞させていたのではないかという点が課題として挙げられる。三角柱を学習することで公式を考えるという本時の流れを考えたが、公式を考えてから三角柱を学習する方法もある。どちらがよかったのか。
　また、縦と横の長さを固定した直方体について、高さが2倍、3倍、4倍……になるときの体積の変化を考えさせる学習を単元の中に入れることで、角柱や円柱が底面の平行移動の考え方によって求積されることが理解しやすかったと考えられる。

(3) 今後の研究課題と方向性
　今後も、
　①問う心を育てる
　②数学的な表現を通して、子ども同士のかかわりを深める。
を他の単元でも実践していきたい。
　「かかわり合いの場の創造」や「言語に着目した学びの充実」のためには、相互交流において「問う心」がわき起こるような場作りをしていく。そして、「なぜ」を大切にしたり、前の学習とのつながりや友達の考えとのつながり、共通点、相違点を見つけたりすること、そして、どの子もかかわり合うことのできる問題や場づくり、問い返しを一層工夫していくことが必要である。
　そうすることによって、子どもたちが「考えることが楽しい」と思え

るようにしていきたい。それが、「豊かな学び」につながっていくのではないだろうか。

参考文献
(1) 全国算数授業研究会『本当の問題解決の授業をめざして』東洋館出版 2003年
(2) 山本良和『新学力！ 習得・活用・探究を支える算数の授業づくり』明治図書 2008年

3 量と感覚を大事にする算数の授業
―― 6年生・単位量当たりの大きさ ――

伊藤由美子

1 この実践で提案したいこと

　量とはものの大きさを表すものである。
　ものの個数は、数えることなどを通して整数で表すことができる。一方、ひもの長さや水の重さなどのような量の大きさは、いくらでも細分することができるものであり、必ずしも整数で表せるとは限らない。
　量には、「長さ」「面積」「体積」「重さ」「角の大きさ」「速さ」など、いろいろな種類がある。それぞれの量を指導する最初の場面では、具体物などの量の大きさを比較する活動を行うことが大切である。実際に比較する活動を通して、どのような物の量を比べようとしているのか、その量がどのような大きさであるのかが捉えやすくなり、次第に量の意味が明らかになってくるからである。
　しかし、ここで学習する「単位量当たりの大きさ（『混み具合』と『速さ』）」は、「長さ」「面積」「体積」「重さ」「角の大きさ」と同じ「量と測定」領域でありながら、子どもにとって難しいと言われている学習内容である。

　「長さ」「面積」「体積」「重さ」「角の大きさ」は外延量、「混み具合」と「速さ」は内包量と言われている。
　外延量と内包量の違いは、
　①長さだと 50km + 30km = 80km とできる。しかし、時速50kmと時速30kmの車を連結しても時速80kmにはならない。内包量は加

法性がない。
　②長さは、その端から端までを目で見渡すことによって大きさが捉えられる。速度の違いは目の前を通り過ぎる一瞬で分かる。塩水の濃度も、全部を飲まなくても少し舐めてみれば分かる。
　③内包量は、2つの外延量の商として数値化される。
などである。内包量の概念は、この後学習する比例や中学校の関数にも繋がる大変重要なものである。時間を十分にかけて、しっかり子どもたちに身に付けさせたい。
　そこで、この単元で提案したいこととして、次の4点を挙げる。

(1) 問題の意識化・問題の明確化
　子どもが主体的・能動的に解決をしていくとき、導入時の問題の意識化が重要になってくる。子どもが問題に気付き（問題の意識化）、それが学級共通の問題としてはっきりした（問題の明確化）ときには、子どもの解決の意欲は高まり、問題解決に向かっていく。その際の教師の役割であるが、導入時に子どもに何を見せるかが大事である。導入の教材提示や問題提示から、今日は何の学習をするのか、どのようにしていくとよさそうかという学習のめあてと見通しをしっかりもたせることができるようにしたい。子どもにとって難しいと言われている単元だからこそ、子どもにとって身近で興味のある場面や、多様な解決方法がある数値、算数的活動から生まれた疑問等、考えていきたい。

(2) 見えないものを見えるようにする数学的な表現方法
　長さや重さはテープのような直線上に表すことによって、足すことや引くことの意味が考えやすくなる。加法性があるからである。外延量をイメージする図としてテープ図が教科書で多く使われているのはこのためである。しかし、「混み具合」や「速さ」は実際に存在する量として

目で捉えるのが困難な内包量であるので、具体物の操作、量の体感を大切にしながら、見えないものを見えるようにする数学的な表現方法を考えていきたい。

(3) ある考え方にどのようにかかわらせるか

　自力解決の後の集団の話し合いでは、時には全員に自分の解決方法を発表させたり、時には意図的に何人かの子どもの考えを取り上げて発表させたりする。しかしそれが、単に報告になってしまうことがある。「練り上げ」とよく言われるが、結局3～4人の子どもだけが自分の考えを説明して終わりなのであれば、極端に言えば他の大多数の子どもは聞き役になって何も考えなくてもその時間が過ぎていってしまう。

　そこで、子どもから出された考え方に子どもたち全員をどのようにかかわらせるかを考えたい。

　①ある考えについて友達の説明を聞いて、自分もそのことを説明してみる（あるいは言い換えてみる）。
　②友達が書いた図から、式を予想してみる。
　③友達が書いた式から、図を予想してみる。
　④いろいろに出された考え方を整理整頓する。

(4) 子どもが今日の学習を言語化する

　教師は、今日の学習のねらいを具体化し、明確にして授業に臨む。子どもも問題を意識化し、明確にして学習に臨むことができたならば、学習のまとめやキーワードとなることは教師がまとめるのではなく、子どもの言葉としてまとめることができる。

自分たちで検討し、使えそうなアイディアにはネーミングをしておくといつでも使える。進級してもそのアイディアが生かされバージョンアップすることもある。

そしてこのことは、子どもが今日の学習に対してどういうところに算数的価値があったのかを考えることになる。自分自身の学びの成長を感じることや友達の考えのよさを認めること、自分の考えを見直し、深めることもできる。

子どもの言葉で学習をまとめること、そして、今日の学習のキーワードは何であるかを考えさせることを大事にしたい。

2 教材紹介と教材研究

(1) 子どもと単元

生活をしていく上で算数は必要と考えている子どもが多く、具体物を使っての操作活動などは、大変意欲的である。授業中は、与えられた課題に対して真剣に取り組んでいる。しかし、考え方や解き方を絵や図などに表したりまとめたり関連させたりして、様々な方法で表現することが苦手だと感じている子もいる。

本単元に入る前に行ったレディネステストでは、前単元の「平均」の考え方はよくできていた。また、「6ℓで30㎡ぬれるペンキがある。1ℓで何㎡ぬることができるか」という問題はよくできていたが、「6ℓで30㎡ぬれるペンキがある。1㎡ぬるには何ℓ必要か」という問題はあまりできていなかった。わり算ということは理解できているようだが、問題にある数量関係をつかんで式をたてたのではなく、わる数をわられる数より小さくして（大きい数を小さい数でわる）立式したようである。

子どもたちはこれまでに、長さ、重さ、面積、角度、体積などについて大きさを測ったり、同種の量と比較したりすることは学習しているが、

異種の二つの量の割合で示される量については、ここで初めて出合うことになる。しかし、日常生活の中では、電車やバスの混み具合は広さと人数によって決まることや目方の違う二つの品物は提示された金額だけでは高い安いは判断できないということなどを体験しており、差だけでは比較できないということを感じていると思われる。

　指導要領に記載されている量には、「長さ」「重さ」「面積」「角度」「体積」のように単位量を基準とし、それがいくつ分存在するかで表せる量と、人口密度や収穫度、速さなどのように、異種の二つの量の割合（わり算）として表される量がある。

　本単元では、この異種の二つの量の割合で表される量についての比べ方、表し方、つまり「単位量当たり」の考え方を学習する。「単位量当たり」は、実際に存在する量として目で捉えるのが困難な量である。したがって、実際に具体物の操作や量を体感する事によって「混み具合」「速度」を数値化し、客観的な捉え方をしていく。それが、この単元での大切な学びである。また、その中で子どもたち同士の考えや意見を討論させながら学習を深めていける教材である。

　そこで、「混み具合」「人口密度」「収穫度」等の、単位面積当たりの考え方を学習するもの（比較的易しいもの）から、単位時間（連続量）当たりの考え方をする目には見えない「速さ」への学習を進めていく。また、速さには、「速度」と「仕事量（仕事率）」があるが、「仕事量（仕事率）」については、「速度」と同様単位時間に行う仕事の量で比べることができることを学習する。

　新学習指導要領では、単位量当たりの大きさについては第5学年、速さについては第6学年で学習することになっている。

　単位量当たりの考え方は、『1当たり』という表現で、2年の乗法、3年・4年の除法、5年の小数の乗法・除法、『全体を1として』という表現で割合などで扱ってきている。また、前単元の平均の考え方も前提と

なる単元である。それらの既習事項を生かしながら、単位量当たりで比べるよさに子どもたちが気付くような活動を重視したいと考える。

授業では、具体的なイメージをえがきやすくなるよう算数的活動を取り入れる。エレベーターの混み具合をひもを使って体感したり、人口密度をドット図で表したりすることで、自分の考えがもちやすくなり、その考えを深めることができると考える。速さの表し方の学習の導入でも、おもちゃの速さを比べる活動を設定する。速さのNo.1を決めたいという意欲を子どもたちにもたせながら学習を進めていきたい。そして、実際に計測し記録したものを基に、他の記録と比較して考える活動を通して、距離と時間の二量が速さを決定するということを実感させたい。さらに、混み具合や人口密度の学習を生かして、速さも単位量当たりの考えで求めていく方が比べやすいという考えに導いていく。そのような活動から、子どもたちは、速さも不均一なものであることを知り、平均化されたものとして時速等を捉えていくであろう。

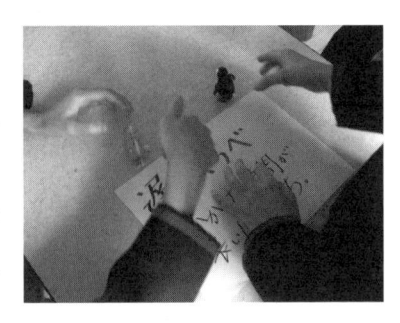

(2) 見えないものを見えるようにする数学的な表現方法

混み具合の学習で3台のエレベーターの面積と乗っている人数を比べる。

1号機	6 ㎡	18人
2号機	6 ㎡	15人
3号機	4 ㎡	15人

乗っている人を○で表すと次のようになる。

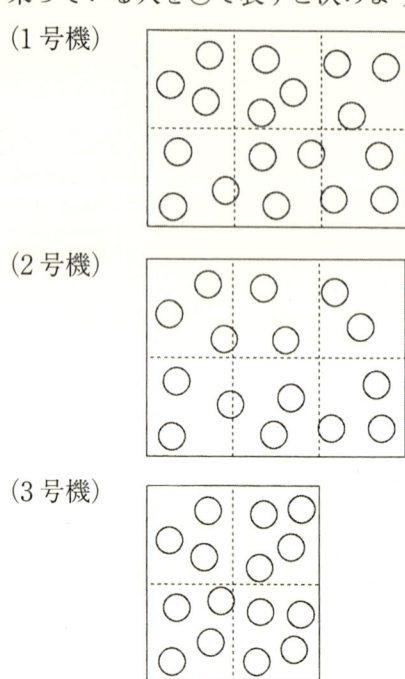

(1号機)

(2号機)

(3号機)

この○の図を混み具合がもっとはっきりと分かるようにしたい。そこで、子どもたちに考えさせたところ、次のような図が出てきた。どれも1号機の図である。

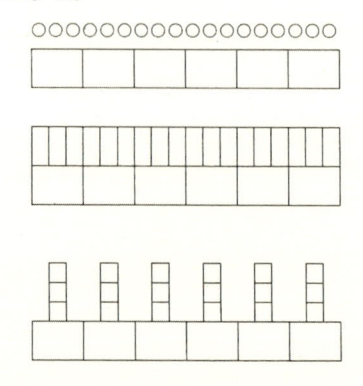

3 量と感覚を大事にする算数の授業

そこで、次のような図を子どもたちに提案し、そのよさについて話し合った。

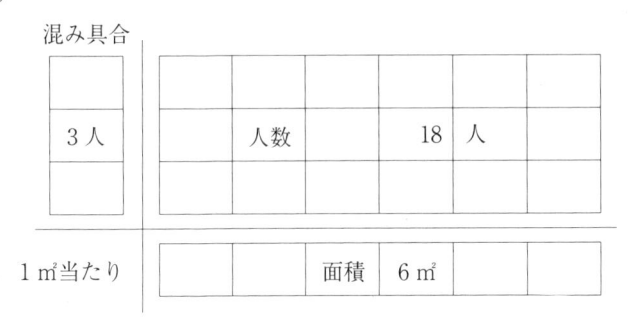

混み具合						
3人		人数		18	人	
1㎡当たり			面積	6㎡		

子どもから出たよさは次のようなものであった。
- 面積6㎡のエレベーターに18人乗っているということがよく分かる。
- 1㎡には3人ずつ乗っているのが、□で表されて分かりやすい。
- 混み具合が長方形の縦の長さとして表されるからすごい。
- 1㎡に3人ずつ乗っている6㎡のエレベーターという問題だと、かけ算で分かる。まるで長方形の面積を求めるのと同じだ。

そうすると、2号機も書けそうだということになった。

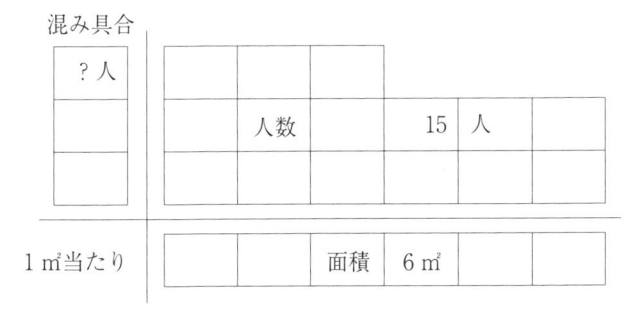

混み具合						
?人			人数		15	人
1㎡当たり			面積	6㎡		

しかし、平均で学習した「ならす」ということを思い出した子どもが次のようなアイディアを出した。

混み具合					
2.5 人		人数		15 人	

|1㎡当たり| | |面積|6㎡| |

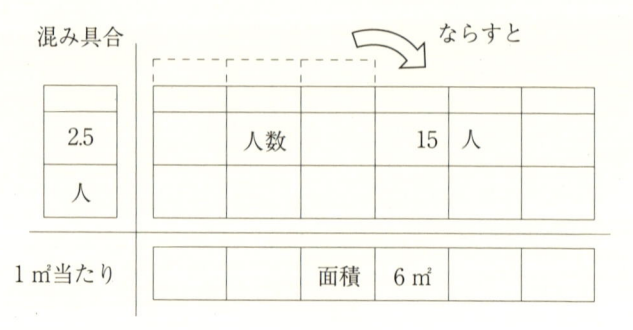

この図を見て、「やっぱり、1㎡当たり、15 ÷ 6 = 2.5 人でいいんだな。」とみんなが納得することができた。

人口密度や収穫度、速さもこの図で表すことができる。

〈人口密度〉

人口密度	人口
	面積

〈収穫度〉

収穫度	収穫量
	面積

3　量と感覚を大事にする算数の授業

〈速さ〉

|速さ|道のり|
|時間|

　速さは、1秒当たり何cmというように紙テープで表し、図と結び付けることも可能である。

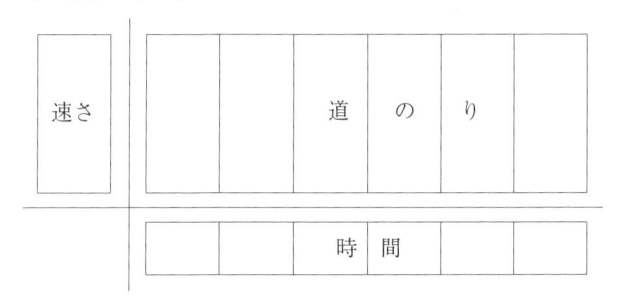

|速さ|道　の　り|
|　　|時　間|

　見えないものを見えるようにする数学的な表現としては、この面積図だけではなく、5年生の百分率の学習のときに使った、対応数直線も考えていく。

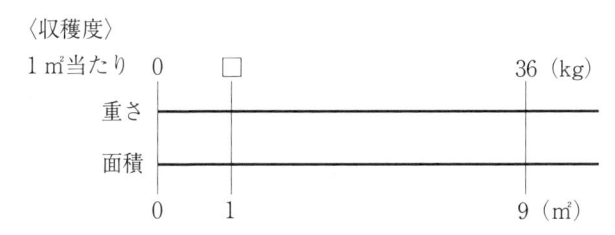

〈収穫度〉
1㎡当たり　　0　　□　　　　　　　　36（kg）
　　　　重さ
　　　　面積
　　　　　　　0　　1　　　　　　　　9（㎡）

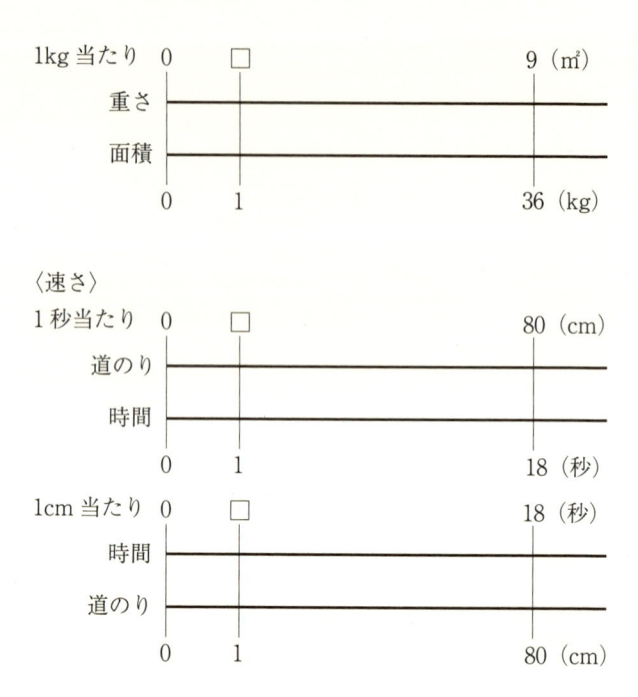

```
1kg 当たり  0    □              9 (㎡)
       重さ ─────┼──────────────────
       面積 ─────┼──────────────────
            0    1             36 (kg)
```

〈速さ〉
```
1秒当たり  0    □              80 (cm)
       道のり ───┼──────────────────
       時間  ───┼──────────────────
            0    1             18 (秒)

1cm当たり  0    □              18 (秒)
       時間  ───┼──────────────────
       道のり ───┼──────────────────
            0    1             80 (cm)
```

　具体的な場面から、図と式とを結び付けて考えさせることによって、公式の暗記による解き方ではなく、問題の場面を読み解きながら考えを進めていくことができる。式を、言葉、図と関連付けて用いて自分の考えを説明したり、分かりやすく伝え合ったりすることが大切である。

3　単元計画

(1) 単元名
　　6年生　新しい量ってどんな量かな（単位量当たりの大きさ）

(2) 単元の目標
①異種の二つの量の割合で捉えられる混み具合、人口密度、収穫度や速

さなどを単位量当たりの考えなどを用いて数値化したり、それらを進んで問題解決に生かしたりしようとする。

②異種の二つの量の割合で捉えられる混み具合、人口密度、収穫度や速さなどを単位量当たりの考えなどを用いて筋道を立てて考えたり、説明したりすることができる。

③異種の二つの量の割合で捉えられる混み具合、人口密度、収穫度や速さなどを求めることができる。

④異種の二つの量の割合で捉えられる混み具合、人口密度、収穫度や速さなどの比べ方や表し方について理解している。

(3) 単元の構想（総時数14時間）

時	学習活動	教師の主な指導と手立て
1 2	①単位量当たりの大きさ ●エレベーターの混み具合を体感し、数値化する。	●混み具合を実感できるよう、ひも等を準備する。
3	●都道府県の人口密度を点の混み具合で表し、数値化する。	●目で見ておよその混み具合の違いが分かるよう、白地図を用意し、10万人を一つのドットに表すようにする。
4	●ジャガイモのとれ具合を、単位量当たりの大きさの考え方を用いて調べる。	●どんな1当たりの大きさで比べるとよいか、また、よくとれた畑とは数値の大きい方か小さい方かをよく考えることができるようにする。
5	●自動車の走る道のり	●乗法の式で表せることに気付くこと

	とガソリンの量について の問題を単位量 当たりの大きさの考 えを用いて考える。	ができるよう、数直線を用いて問 題場面を確認する。
6	●既習事項を使って問 題を解く。	●これまでの学習を想起できるよう、 学習環境を整える。
7	②速さ ●動くおもちゃの観察 をして、速さを数値 化する。	●条件の異なる場合の速さは、どちら か一方をそろえれば比べられること に気付くことができるよう、おもちゃ の速さを数字で表すことを確認する。
8 (本時)	●速さは、単位量当た りの大きさの考えを 活用して比べられる ことを知る。	●1当たりの考え方の便利さに気付 くよう、前時のおもちゃの速さNo 1を決める活動を終末に行う。
9 10	●時速、分速、秒速の 意味を知る。	●公式のみの解き方にならないよう、 図を書いたり分かりやすい数字に 読み替えたりすることを指示する。
11 12	●速さと時間から道の りを求める。 ●速さと道のりからの 時間を求める	●場面を読み解く考え方を身に付け させるよう、「速さ」「道のり」「時 間」のうち、何を求める問題かを 確認する。

	●仕事の速さを求める。	
13	●既習事項を使って問題を解く。	●これまでの学習を想起できるよう、学習環境を整える。
14	●わくわくチャレンジ	●面積や体積には加法性があるが、速さには加法性がないことが理解できるような問題を提示する。

4　授業案と授業記録

第8時（8／14）

日　時：2009年10月13日13時30分〜14時15分
学　級：6年B組（男子15名、女子19名、計34名）
授業者：伊藤由美子

①ねらい

前時までに学習した単位量当たりの考え方を用い、「1m当たりの時間」や「1秒当たりの距離」等の言葉を使って、速さ比べの方法を説明することができる。

②展開

時間	学習活動	教師の指導　評価
3分	①本時の問題を把握する。どのおもちゃが速いか比べましょう。	●関心・意欲を高めていくために、前時の終末の「おもちゃの速さ比べをするときに、距離と時間がバ

	距離(cm)	時間(秒)
A	80	18
B	100	20
C	80	20

4分	②見通しをもち、本時の学習のめあてをもつ。 ●時間か距離のどちらかに揃えて比べたらよいのではないか。	ラバラの場合はどうするか」という問いから、本時はスタートする。 ●一方の量だけでは単純に比較できないことに気付かせるよう、距離も時間も違うことを確認する。

どのようにして速さを比べたらよいか、比べる方法を考えよう。

23分	③3つのおもちゃの速さNo1の比べ方を考える。 〈自力解決〉 ア：1秒当たりの距離で比べる。 イ：180秒当たりの距離で比べる。 ウ：1cmにかかる時間を比べる。 エ：400cmにかかる時間を比べる。 〈集団解決〉 ●かかる時間をそろえたものは？ →アとイ 　距離の長い方が速い。	（自力解決する場面での教師の支援） ●どれが速いか混乱している子には、距離が同じであれば時間が短い方が速く、時間が同じであれば距離が長い方が速いという前時の結果を図などで押さえる。 ●子どもの考えをつないでいけるように、机間指導では個別に指導するとともに、クラス全体の解決の傾向をつかみ、指名計画に生かしていくようにする。 （練り合いの場面での教師の支援） ●話合い活動に積極的に参加することができるように、多く反応が出ると予想されるアの考えから取り上げ、根拠を問うことから始める。

3 量と感覚を大事にする算数の授業

	●距離をそろえたものは？ →ウとエ 　時間の短い方が速い。 ●単位量当たりで比べたものは？ →アとウ	●ア〜エを2つの仲間に分けようと全体に問いかける。仲間分けしたその理由を問うことで、何を揃えたか、結果をどう見るかを全体のものとしていくようにする。
10分	④前時の結果からおもちゃNo1を決めるのに、どの方法を使うかを考える。 ●公倍数の考え方は、整数になって考えやすいけれども、全ての場合の公倍数を考えるのは大変。 ●混み具合の学習と同じように、1当たりの量で比べると考えやすい。 ●1秒当たりに動いた距離を調べるといい。数字が大きいほど速いのだから、分かりやすい。	前時までに学習した単位量当たりの考えを用い、「1m当たりの時間」や「1秒当たりの距離」等の言葉を使って、速さ比べの方法を説明することができる。 〈ア－3、イ－6、ウ－B－18〉 （ノート、発言）
5分	⑤本時の学習をふり返る。 ●おもちゃの速さは、時間をそろえたり、距離をそろえたりすると比べられる。 ●1当たりで考えると、比べやすい。	●本時で学んだことや友達の考えとかかわっている感想を取り上げ、みんなで話し合って考える楽しさが感じられるようにする。

(2) 授業記録とコメント
①本時の課題を把握する。

教師1　先週、はとの子ホールでおもちゃの速さ比べをしたときに、たくさんのグループが、ストップウオッチとメジャーを使って、いろいろなおもちゃの速さを時間と長さで表してくれました。その時に出た疑問が、「距離と時間がバラバラ」「全部比べるにはどうやって？」ということでしたね。今日は、この疑問を基に考えていきたいと思います。問題を書きますので、一緒に写してください。

```
―〈板書〉―――――――――――
    A    80cm    18秒
    B   100cm    20秒
    C    80cm    20秒

 どのおもちゃが速いか比べましょう。
―――――――――――――――――
```

コメント1：前時の動くおもちゃの速さ調べから出た疑問から本時を出発させることによって、より自分たちの問題だと思えるようにした。
「距離と時間がバラバラだ。」
「一緒に競走させれば分かるけれど……。」
「どうやって比べたらいいのだろう。」
子どもの多様な見方・考え方を育てるためには、問題に出てくる数字の検討が必要である。「割り切れるもの」「割り切れないもの」

108

「公倍数を考えられるもの」などいろいろな角度から考えることができるようなものでなければならない。そこで、80cm、100cm、18秒、20秒という数字を使うこととした。

②**見通しをもち、本時の学習のめあてをもつ。**
教師2　ぱっと分かることはありませんか？　近くの友達と話していいよ。
子ども　（口々に相談を始める。）
教師3　どうぞ発表してください。
子ども　BとCを比べると、Bの方が速いです。
教師4　どうして？
子ども　BもCも20秒で何cmって書いてあるので、同じ時間で遠くまで行くってことだから。
教師5　みんなそれはどう？
子ども　うん。いい。
子ども　他にも分かることがある。AとCでは、Aの方が速い。
教師6　Sさんがそういった理由、分かる？
子ども　同じ長さを走っているので、到達するのが早いほうがその分速い。だからAが速い。
教師7　100m走と同じだね。タイムで比べるよね。AとCを見ればAが速いし、BとCを見ればBが速いから、結局Cは一番遅いんだね。この間のカニみたいなおもちゃかな。
子ども　（思い出して笑っている。）
教師8　AとBを比べれば分かるっていうことになりそうだね。（板書）

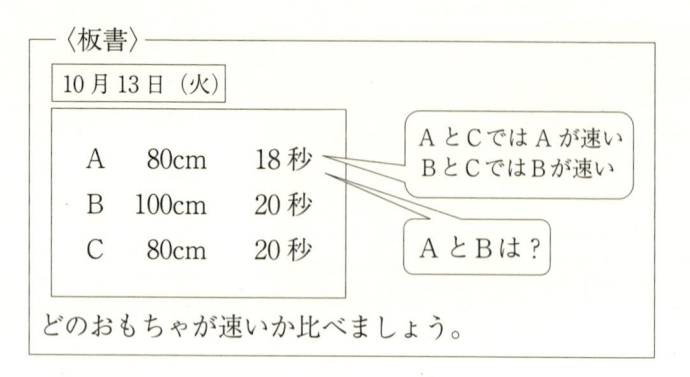

〈板書〉

10月13日（火）

A	80cm	18秒
B	100cm	20秒
C	80cm	20秒

AとCではAが速い
BとCではBが速い

AとBは？

どのおもちゃが速いか比べましょう。

教師9 AとBはどちらが速いのか考えていくのに、今までの勉強は何か使えるだろうか。

子ども （口々に）使える。

教師10 うんうんとうなずいている人もいるね。そうすると、今日考えていく勉強はこういうことになりそうです。日にちの隣に書いてください。（板書）

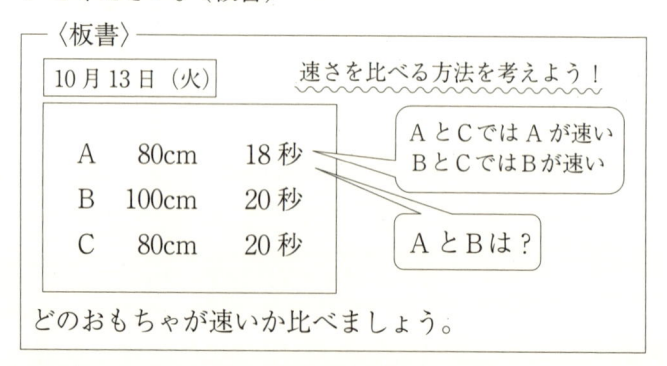

〈板書〉

10月13日（火）　　速さを比べる方法を考えよう！

A	80cm	18秒
B	100cm	20秒
C	80cm	20秒

AとCではAが速い
BとCではBが速い

AとBは？

どのおもちゃが速いか比べましょう。

教師11 早速、ノートに自分の考えを書いてみましょう。式や計算、説明のための図も書けるといいですね。他のやり方でもそうなったというように2通り目も書けるといいなと思います。

コメント2：見通しをもつこと、今日の学習のめあてをもつことは、

子どもにとってとても重要である。題意が分からない子や解決の糸口が見いだせない子にとって、この後の自力解決の時間は苦痛なものになってしまう。子どもとのやりとりによって、同じ時間にそろっているBとCはBが速いことと、同様に、同じ距離にそろっているAとCではAが速いことを確認した。そうすることによって、AとBを比べるといいんだなということ、そして時間か距離をそろえればよさそうだという見通しをもたせることができた。授業の導入ではとても大切なことである。

③ 3つのおもちゃの速さNo1の比べ方を考える。

教師12　（ホワイトボードを手に）それではこちらを見てください。この図は、A・Bどちらのおもちゃの図でしょうか。

子ども　A。

教師13　どうしてすぐ分かった？

子ども　数字で分かる。18秒、80cmになっているし……。

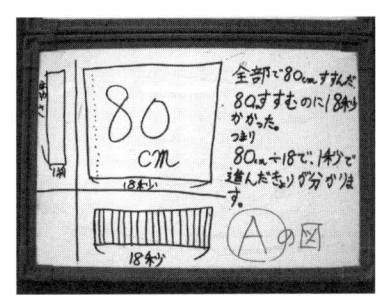

（Kさんのホワイトボード）

教師14　そうだね、数字を手がかりにすると分かるね。では、何を求めようとしている図か分かるかな。

子ども　1秒で進む距離を求める図だ。

教師15　説明をKさんにしてもらいましょう。

子ども　前の前の授業でやったように、面積の図を利用してやりました。80m進むのに18秒かかったので、そこから1秒で進む距離を出したいので、全体を何秒で進んだかで割りました。

　　　　　　80cm ÷ 18秒

で、1秒で進んだ距離が分かります。

子ども　いいです。
教師16　このことを式に表してくれた人がいます。Mさんどうぞ。
子ども　1秒間に何cm進むかを調べました。
　　　　Aは 80 ÷ 18 = 4.44……
　　　　Bは、100 ÷ 20 = 5
　　　　Cは、80 ÷ 20 = 4
　　　　それで、Cは一番遅くて、AとBの数の大きい方が速いので、一番速いのがBです。
教師17　Mさんがすらすらっと説明してくれましたが、みんなもこのこと説明できる？　自分のノートやこのボードを基に、友達に説明できるかどうか、やってみて。
子ども　（グループで説明を始める）

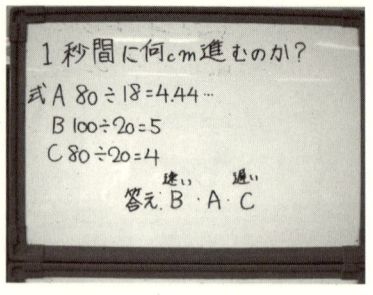

（Mさんのホワイトボード）

コメント3：単位量当たりで用いた面積図が、この速さでも使えるということを他の子どもたちに理解させたいと考え、この図を取り上げた。

3 量と感覚を大事にする算数の授業

> コメント4：単に一人の発表を聞くだけでは全員の学びにつながらないと考え、ほとんどの子がMさんと同じ式を書いていたので、自分でも説明をしてみるという活動を取り入れた。ややもすると、立式はしたけれども式の意味や出た答えの意味が分からないという子が出てしまいがちな単元でもある。一人の発表をただ聞き流すだけになってしまわないよう、個の学びを確かめ合う時間としてグループの説明の時間を設定した。距離を時間で割ることによって、1秒当たりの進む距離を計算した式なのだということを再確認する意味があった。

教師18　次はTさんの図です。AとB、どちらの図かな？

子ども　A。

教師19　何を求めようとしている図かな。

子ども　1cmに対応するところが□になっている。

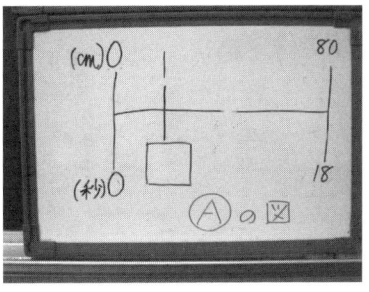

子ども　1cmにかかる時間を計算する図だ。

（Tさんのホワイトボード）

教師20　これを式に表してくれたSさんの説明を聞いてみましょう。

子ども　1cm当たりに進むのに何秒かかるかを調べました。
Aは、18 ÷ 80 = 0.225
Bは、20 ÷ 100 = 0.2
1cm当たりのかかる時間が少ない方が速いので、速いのはBと分かりました。

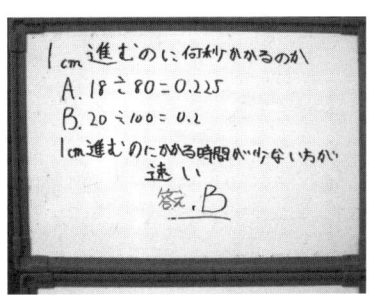

子ども　いいです。

（Sさんのホワイトボード）

> コメント5：5年生の割合の学習や、第1次の混み具合の学習でも扱った対応線分図をここでも扱った。分かっているのは何で、今、何を求めようとしているのかを考えるのにはとても有効な線分図である。また、この対応線分図は、この後の分数のかけ算・わり算でも子どもが数学的に表現する図の一つとして重要になってくる。

教師21　次は、Hさんなんだけれども、Hさんの得意なやり方があるんだよね。Hさんどうぞ。

子ども　ぼくは分数で求めて、同じ秒数にしようと思いました。このままだと比べられないので、180で通分しました。同じ秒数になったので、距離が多い方が速いので、Bが速いと分かります。

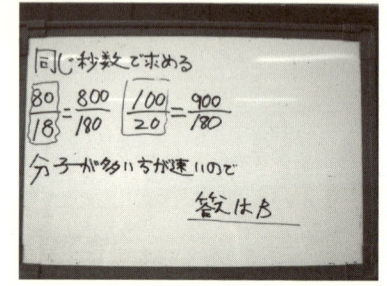

（Hさんのホワイトボード）

教師22　180で通分したのは、みんな納得？

子ども　（口々に）はい。

教師23　このボード、上に貼ろうか、下に貼ろうか。Hさん、どっちがいい？

子ども　上。

教師24　迷いなく、「上」って言いましたね。みんな、Hさんの思っている理由分かる？
　　　　（「ああ、たぶんそれは……」とつぶやいた子どもに）Tさんどうぞ。

子ども　1秒間に……（口ごもる）

教師25　しゃべってて分かんなくなっちゃったかな。みんなも近くの人と話してみて。

子ども　（グループで相談）

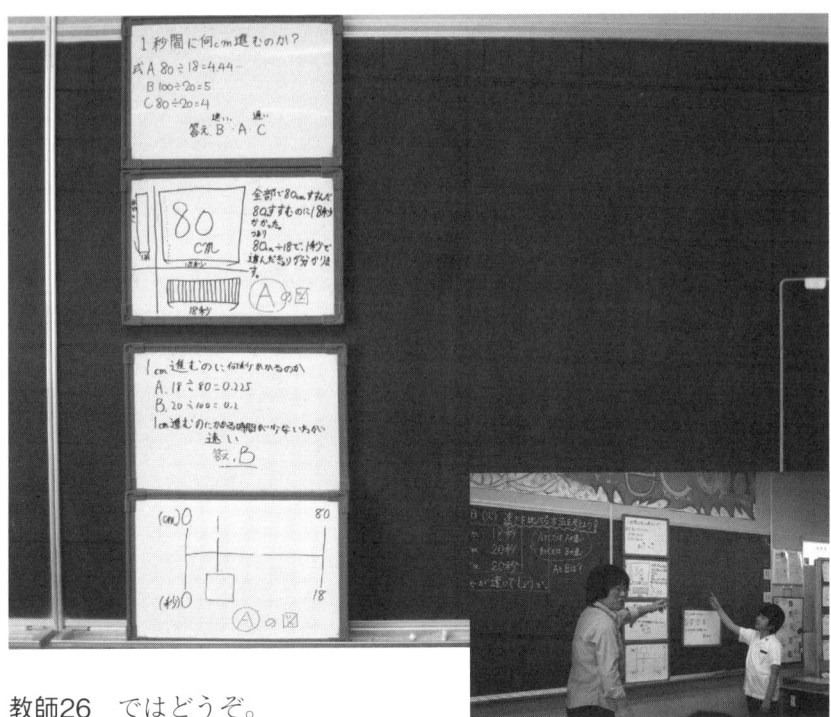

教師26　ではどうぞ。
子ども　同じ秒にそろえた考えだから。
子ども　分子は長さになっていて、長さが長い方で比べているから。
教師27　じゃあ、分母は何だろう。
子ども　秒。
教師28　同じ秒数で求めるって言っていたものね。
子ども　KさんとMさんのは1秒当たりで求めている。
　　　　今のMさんのは180秒にそろえているから、分数だから実は1と見ても同じこと。
子ども　時間をそろえていることが同じ考えだから。
教師29　なるほど、時間をそろえたという共通性があるんだね。
　　　　Hさん、もう一つのボードも説明してみてください。

子ども　こっちも分数でやりましたが、同じ距離にして求めました。このままでは比べられないので通分しました。同じ距離を何秒で進んだかが分かるから、この場合は秒数が少ない方が速いから、Bが速いです。

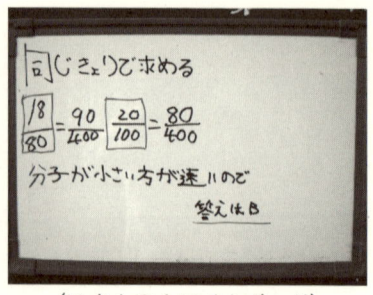

(Hさんのホワイトボード)

教師30　2つとも説明してくれましたね。ありがとう。
　　　上の方のボードは秒数をそろえました。下の方のボードは距離をそろえました。数字が大きいと速いのと数字が小さいと速いのとに分かれていますね。混み具合の学習のときに、数字が大きいと混んでるのか、小さいと混んでるのかわけが分からないってふり返りカードに書いてくれた人がいたんだけれども、今日はどう？

子ども　（口々に）大丈夫。分かる。

教師31　Kさんどう？

子ども　分かります。

教師32　もし、分からないっていう人がいたら、どう説明する？　納得させるような説明の仕方を考えてください。

子ども　（グループで相談を始める。）

コメント6：同じ秒数にそろえると、たくさん進んだおもちゃが速い。同じ距離にそろえると、かかった時間の短いおもちゃが速い。混み具合の際の学習感想を例に、数字が大きいと速いのか、小さいと速いのかをこの速さを比べる場面でも考えさせるようにした。大人でもこの部分は迷うものである。
単元を計画したときに、子どもを変に迷わせるよりもすぐに「1秒

当たりの」というように秒速を教えるという方法もあるかなと考えた。

しかし、学びの場においていろいろな考え方があるのだなあと感じる体験や、この場にいてよかったと感じる体験が必要である。そうすることによって、「そういうやり方もできるのか」「その見方は考えもしなかったけど面白い」というように、一人では気付かなかったことが、集団での学びによってつくられていくことになる。

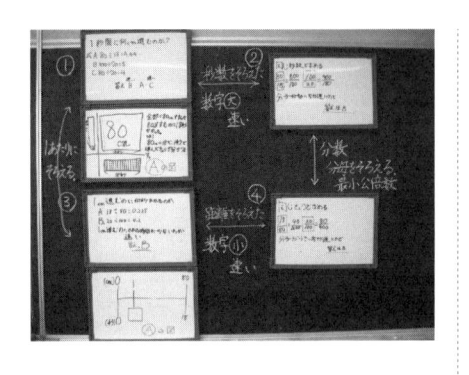

ここでは速さの導入ということもあり、考え方を「1秒当たり」と固定せず、時間をそろえることと距離をそろえることのどちらも認めることとした。

式から対応する具体的な場面を読み、そのように考えた思考過程を読む。Ｂの100÷20は何を意味するのか、出た答えは何か、同様にＢの20÷100は何を意味するのか、出た答えは何か。結果を求めることだけに終わるのではなく、式の表す意味を考えていくことが必要である。

一つの方法を教え込むのではなく、数字や式をいろいろに見ることができる子を育てたいと考えたのである。分かっているつもりでも、あえて考えさせ、話させることによって、しっかり理解させたいと思った。「例えば」「だから」「つまり」等の言葉をつないで説明したり、実物を使って説明させたいと考えていた。

教師33　Sさん、どうぞ。 
子ども　上のボードの秒数をそろえたっていうのは、例えば、1秒で2cmのおもちゃと1秒で3cmのおもちゃがあったら、1秒で3cmの方が多く進んでいるから、数字が大きいと速いということです。それから下のボードは、例えば10cmを2秒で進むのと、10cmを3秒で進むおもちゃがあったら、10cmを2秒で進むものの方が速くて、数字が小さいと速いということです。
子ども　上のボードは、Bの方が1秒当たりに進む長さが長いから、BはAよりも速く進んでいるし、下のボードは、1cm進むのにかかる時間が少ない方が速いってことだからBの方が速い。
教師34　（実際におもちゃを手にして）1cmをとてものんびり進んでいるこのカニは、遅い。それに対して1cmをびゅーんと進むこの車は、速いんだね。

コメント7：子どもが説明のときに実物を使えるように、前時で使ったおもちゃとストップウオッチ、メジャーを用意していた。残念ながら実物を手にして説明をした子はいなかった。結果的には教師がおもちゃを手に取ったが、発表する子どもへの働きかけが必要だ

ったように思う。普段から実物を手にとって説明したり、チョークを手にとって黒板に書きながら説明するといった「リアルタイム説明」をさせていくとよいように思う。

教師35 他にもこの4つの考えの仲間わけはないかな。
子ども 左の2つは、1当たりになっている。
子ども Hさんの書いた右の2つは、分数。
子ども 分母をそろえている。
子ども 最小公倍数だ。
教師36 初めのこの問題から、いろいろな見方・考え方ができて面白いね。どの比べ方も、答えはBが速いことが言えそうだね。

④前時の結果からおもちゃNo1を決めるのに、どの方法を使うかを考える。

教師37 先週やったみんなのおもちゃの速さを数字で表したときに、一覧表にしたら見やすいかなと思って、表を作ってみました。どれがNo1、No2、No3か、みんなだったら、この①②③④のどのやり方で求めますか。
（表を3つめまで見せる。）
子ども あはは、カニ、遅い〜。
子ども ペンギンはカニより速い。
子ども 恐竜は……。
教師38 みんなは頭の中では何をやっているの？
子ども ①の割り算。

おもちゃ	距離	時間
カニ	54cm	60秒
青いペンギン	69cm	60秒
オレンジ恐竜	17cm	10秒
黒バイク	165cm	3秒
赤い車	600cm	5秒
ブルドーザー	290cm	7秒
スバルの青い車	800cm	11秒
白い天プラ熊	172cm	13秒
トラック	200cm	2秒
茶ネズミ	700cm	12秒
消防車	600cm	5秒
青い車	653cm	5秒
黒い車	743cm	7秒
黄色い車	580cm	6秒
熊パト	390cm	15秒
だいだい色の車	2128cm	10秒
電車	600cm	6秒
パトカー	1027cm	11秒
黄色バス	410cm	5秒
紺色バイク	310cm	6秒
プリウス	995cm	9秒
パトカー	435cm	6秒

おもちゃの速さ調べ

教師39　もう割り算したの。すごいね。Tさんは？
子ども　時間がバラバラだけど、恐竜は60秒にそろえればいいから、距離を6倍すればいい。
教師40　なるほど、最小公倍数でそろえてみるというやり方が使えるんだね。じゃあ、恐竜は速い？　遅い？
子ども　速い。

> コメント8：量に関する感覚が鋭い子が多いと感じた瞬間であった。これは、普段から差、和、積、商のだいたいの見積もりをさせていたことや、前時におもちゃ遊びをたっぷりしたことによって、「あのおもちゃは速かった」「遅かった」「やっぱり数字はこうなっている」「数字を揃えるとこうなりそうだ」というつぶやきがぱっと出てきたのであろう。子どもたちはおもちゃをイメージし、さらには数字と結び付けて考え、瞬時に判断したのである。

教師41　もっと見せるよ。どう？
子ども　（グループで相談を始める。「11秒と13秒があるから、公倍数は無理だ。分かんない。」「cmを秒で割ると、大変そうだ。」「①だよ、①、①。」）
教師42　Yさんのグループはどうなりましたか？
子ども　①がいいということになりました。③の場合、式で求められるんだけど、小数になりそうで、①より分かりにくくな

3 量と感覚を大事にする算数の授業

りそうな感じがします。

子ども ①の場合は計算しやすいものが多くて、③の場合だと、0.□□になるものが多いから、①の方が計算しやすそうだと予想しました。

教師43 なるほどね。600÷5と5÷600の計算は。どちらも6年生の力でできるんだけれども、5÷600は0.00□□…となる予想がつくんだね。
時間になってしまったので、実際の計算はこの次になりますが、表をすべて見せましょう。ぱっと見て、どのおもちゃが速い？

子ども （口々に）わあ、橙色の車、速い〜。

教師44 2つの量の関係なのに、橙色の車が速いって分かったの？

子ども だって、20秒であれだけ進んだから。

子ども 赤い車も速いんじゃない？
（計算を始めた子どももいた。）

教師45 では、これで終わります。ふり返りカードを書いておいてくださいね。今日のキーワードは何だろうね。

コメント9：わっと歓声が上がった瞬間であった。時間はごくわずかであったが、自分たちのおもちゃの速さを前時の経験を基に、改めて考察する時間になったようだ。
「恐竜は1秒当たりに1.7cmしか進んでない。」
「トラックは1秒当たり100cmだ。」
「やっぱり、すっごく遅かったもの。」
「ぼくたちの橙色の車、速いよ。だって、10秒で2128cmだよ。」
公倍数や分数で考えるのも便利なときがあるけれども、これだけた

121

くさんあると、1当たりにして考えるのがよさそうだと、1当たりの考えのよさを実感するのは次時になりそうである。

【最終板書】

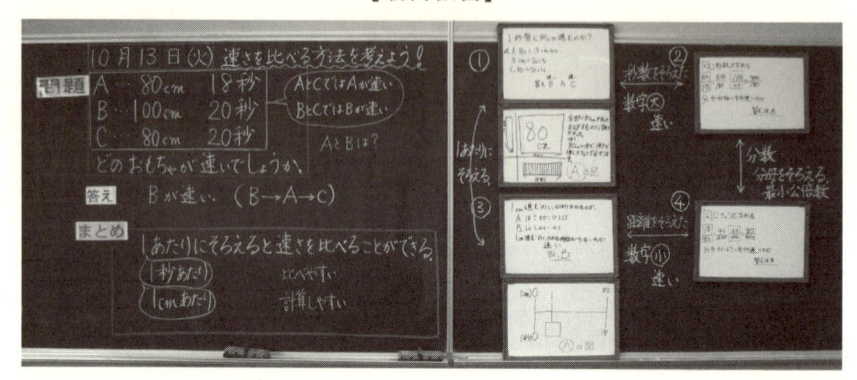

5 成果と今後の研究課題

(1) 授業の成果

　授業の成果として三つの点をあげる。
　一つめは学習感想についてである。学習感想は毎時間書かせている。そのカードには、今日の学習のキーワードを書く欄と感想を書く欄とがある。本時の学習感想から、「学習内容を言語化する」ことについて考えてみたい。

○キーワード「1当たり」
　今日は速さを比べる方法が4つ出てきて、私は一番計算しやすいのは①だと思っていたけど、YさんとNさんの考えを聞いて、そ

れがもっとはっきりしました。①はほとんどの場合、割る数よりも割られる数が大きいです。
○キーワード「1当たりにそろえる」
　今日は1当たりの時間と距離にそろえました。1当たりにそろえることで、確実に速さを比べることができるということが分かりました。
　今回は、「そろえる→求める→比べる」でした。
○キーワード「速さ比べ」
　今日は前にやったおもちゃを使った学習を基に速さを比べる方法について学習しました。長さも秒数もバラバラなものを式に表してみたり、図に書いたり、言葉で表したりしました。でも、自分が思いつかなかったことを図や分数で表している人がいて、「すごい」と思いました。図や式がバラバラなものが1つの答えにつながって、すごいことだなあと思います。

　こうなってほしいという子どもの姿を教師側が明確にもつことが、子どもが今日の学習内容を言語化できる大前提なのではないだろうか。逆に考えると、学習のねらいが明確でなかったり、子どもが今日の学習のめあてをはっきりともつことができなかった場合、子どもは今日の学習内容をなかなか言語化できないと言える。

　二つめは、出された考え方にクラス全員をどのようにかかわらせるかについて、本時では「図を読む」「式から求められた答えの数値の意味を読む」「出された考え方の共通点を探す」ことができた。
　子どもが自分の考えを友達の考えに絡ませていく過程は、子どもなりの論理が表面化してくる場面である。そしてそれは数学的にだんだんと価値の高いものになっていく。

ぱっとつぶやいたのに、指名すると「あれ？　分からなくなった。」と言う子がいる。初めから論理的に考えている子は案外少ないのではないだろうか。最初は直感で答えや大まかな解き方を思い浮かべる。その後、それをクラスの仲間に説明する必要が出てきたときに、自分の考えを頭の中で組み立て始める。その結果、一つの筋道ができあがるのである。聞き手の存在が論理的な思考力や表現力を高めるのである。この後も、「友達の説明が分かる」「続きが分かる」「その先が分かる」「図の表している式が予測できる」「図から式が予測できる」「理由が分かる」「なぜなのかが言える」等のかかわりを考えていきたい。

　三つめは、「混み具合」や「速さ」について、具体的なイメージを描きやすくなるように算数的活動を取り入れたことである。エレベーターの混み具合を実感させる紐、人口密度をドットで表した日本地図……。おもちゃの速さ比べでは、ストップウオッチだけでは速さ比べはできない、距離も大切なんだという話し合いから、2つの数値を実測した。これらの算数的活動が、混み具合や速さの意味を実感をもって捉えたり、思考を深めたり、判断したり、算数を学ぶことの楽しさを味わったりすることにつながったように思う。

(2) 授業の課題
　もっと子どもがかかわり合って、そのかかわりが個の学びにつながるようにするためには、教師と子どものやりとりだけではなく、子どもと子どもの交流が必要である。子ども同士が意見を交換したり、他の子の意見に自分の考えを述べたり、話したくてうずうずする状態をつくりだ

したい。子どもが自分の分からないところを素直に話題にし、それについてお互いの意見を出し合うことによって、それまで見えなかったことが見えてくるというような、子どもがつくりだす学びをめざしたいと考えている。

　そういう学びの場をつくるための、教材研究をしっかりと行っていきたい。

(3) 今後の研究課題と方向性

　計算さえできればいいと「数と計算」領域に主眼を置いてしまうと、他の領域が軽く扱われてしまうことになる。計算を習熟すれば他の問題は全て解けるというのは間違いである。「量」に関する概念をしっかり育てることをこれからも大切にしたい。

　そのためには、量の体系をしっかり教師が把握することや、教師側が本時のねらいは何かということを明確化できるよう深く教材研究をすることである。そうすることによって、子どもは今日何を学んだか、昨日の自分よりどう成長したかを言語化できるようになる。

　また、量と測定領域に限ったことではないが、「子ども同士の主体的なかかわり」ということをもっと考えたい。

　子どもが主体的にかかわっている姿とはどういう姿か、そのために教師がどのような手立てをとるか、どこに時間をかけるか、もっと思い切って子どもに任せていい部分はどこかということを検討していきたいと考えている。

　子どもが自ら考えるのが楽しいと思える学習、新しいことの発見の楽しみがある学習、追究のおもしろさを味わえる学習をめざして。

参考文献
(1) 全国算数授業研究会『本当の問題解決の授業をめざして』東洋館出版

2003年
(2) 柴田義松監修 銀林浩・岩村繁夫編著『算数の本質が分かる授業・いろいろな量』日本標準 2008年

〈秋田大学教員による授業解説〉
算数的活動に伴う学習者の知的な成長

杜　威

(秋田大学)

はじめに

　平成20年版学習指導要領では、算数的活動をより一層強調されており、「児童が目的意識をもって主体的に取り組む算数にかかわりのある様々な活動」を算数的活動として再確認している。ここでは、算数的活動を観点として、2009年6月12日に秋田大学教育文化学部附属小学校にて開催された「公開研究協議会」において行われた授業「小数について考えよう」(4年生)と「かさを調べよう」(6年生)及び2009年10月13日に行われた校内研修会において行われた提案授業「単位量当たりの大きさ」(6年生)について見てみたい。

1　整数に関する既習事項を小数の学習に生かす

　現在学校数学で扱われている小数のシステムはおよそ16世紀に完成されたものである。小数の英表記は decimal fraction とされるように、欧米では「分母は10の累乗である」という特別な分数として小数を扱っている。一方、米大リーガーのイチローの2009年の最終打率0.352を「3割5分2厘」と呼ぶように、中国や日本などでは古くから十進数のシステムの中で、小数の概念を構築し、整数の位「一、十、百、千、万」と同じように、はした数量を「割、分、厘」(通常分を0.1の位、厘を0.01の位として使用)などで表してきたし、足し算や引き算において小数を整数と同じように扱ってきた(掛け算と割り算においては一

旦小数を整数に直す操作を加える)。

　「整数と同じように小数を扱う」ことは算数科学習目標の一つであり、すべての学習者に到達してもらわなければならない。しかし、小数の概念を形成しながらその四則計算をスムーズに行われるまでには困難を感じる学習者がいるのも事実である。困難の多くは「位の違いやその大きさの認識における混乱」と計算を行うときの「位をそろえることにおける混乱」である。

　稲岡教諭による「小数について考えよう」という公開授業では上記課題の解決につながる示唆を多く出された。

　この授業は総次数12時間の内9時間目であり、小数の概念形成活動や表記方法の確認及び小数の足し算の学習を経験した後、「2.5－1.3の計算仕組みや方法を考える」への展開であった。計算仕組みや方法を足し算や引き算のどれかに限定して個別の演算で考えるというより、その両方を統合的に捉える中で考えるという特徴的な設計であった。

　足し算や引き算の場合、小数点さえ揃えることができれば、整数の扱い方を機械的に当てはめるだけで、計算そのものが完成できる。しかしこれだけでは、学習に困難を感じる学習者が抱えている課題は解決できず脳裏にはいつまでももやもやしている状態である。

　これに対して、この授業は学習者の多様な考え方を生かしながら、①小数→整数→小数と②小数→小数という2つの軸に沿って展開され、位の違いやその大きさ、そして位をそろえる意味とその必要性について、繰り返して確認してもらったり、それぞれの考え方の意味や価値について議論してもらったりすることなど、質の高い算数的活動が活発に行われ、それによって

多様な考え方

学習者のほぼ全員が小数の筆算による引き算の概念形成ができ、計算そのものができつつあるところまで到達した。

小数→整数→小数とは 0.1 と 1 という 2 つの単位を 0.1 の単位に統一という操作によって、小数の引き算を一旦整数の引き算に直して行い、結果を得てから小数に直していくという活動である。これに相当するのは、ブロック使用、0.1 使用（言葉による説明を含む、例えば小百合の解決方法）及び数直線使用である。

この活動のポイントは、活動の一部分において小数を間接的に扱うことであり、位の値の認識と整数の引き算ができるという、小数の概念が形成されているが、二桁にかかわる計算の扱いにまだ不慣れな学習者に比較的向いている。

一方、小数→小数とは、小数そのものを直接扱うことによって小数の引き算を実施する活動である。これに相当するものはさくらんぼ図使用、面積図使用、位の部屋使用及び筆算である。

この活動のポイントは、小数を直接扱うことであり、2 種類の位を認識でき、同時に操作することができることが要求される。

発達の観点から見ると②の活動は①の活動よりレベルが高い。但し、一部分の学習者にとって①の活動は②の活動への必要な橋渡しとなり、その経験は彼らにとってとても重要である。また、展開次第では①に相当する活動が②に相当する活動に変わったりすることも考えられる。例えば、数直線の使用においては、提示する数直線に記す目盛りが 2 リットルまではデシリットルの刻みを入れず、2 リットルから 2.5 リットルまでの間にデシリットルの刻みを入れるにする、それによって、最初から位同士の操作に使

学習者による説明

われることも考えられる。

　②の活動はこの単元の目標到達につながる大切な経験であるが、学習者の多様性を考えると、この2本の軸を立たせて展開し、最終的に全員が②に到達するのは非常に理想的なことで、大きな成果となっている。

　また、②の活動の中身やその流れを見てもとても参考になるものであった。学習者の思考活動のレベルアップは、急に変わるというより、ある程度の積重ねを基に徐々に実現していくものである。本時の課題の小数の筆算に到達するまでの活動の流れはまさにその通りである。即ち、位が区別できることから筆算そのものができるまでの流れは、さくらんぼ図では位の区別への気付き、面積図では位の区別の再確認と位を揃えることへの気付き、さらに、位の部屋では位の区別及び位を揃えることについての確実な認識、最後に、位の部屋の枠を外して筆算形式にもっていく、というゆっくりと、少しずつ上昇していき、確実に行われたものであった。

2　離散量の扱いを連続量の認識に活かす

　正方形の一辺の長さを規準としてその対角線の長さを測ると、一辺の1つ分とはした部分となる。次に一辺の長さの十分の一を規準としてはした部分を測ると、一辺の長さの十分の一の4つ分と新たなはした部分となる。さらに、一辺の長さの百分の一を規準として新たなはした部分を測ると、一辺の長さの百分の一の1つ分と新たな新たなはした部分となる。この操作を繰り返して行うと、一辺の長さを規準（＝1）とする場合の対角線の長さは、

$$1.4142135623\cdots\cdots$$

となる。同じ考えで円の直径の長さを基準（＝1）にしてその周の長さを測ると、3.1415926535……となる。つまり、正方形の一辺の長さと

その対角線の長さの間、または円の直径の長さとその周の長さの間には共通の規準が存在しない。どの2本の線の間にもその長さに共通の規準が存在しないことではないが、共通の規準が存在しない場合があることは量としての長さの1つの特徴である。

　量にはその大きさ（個数）を数えて自然数や負でない整数で表す離散量と、あらかじめ規準を用意してそれを用いて測ることによって、測られるものの大きさがその規準のどれくらいに当たるかを数値で表す連続量の2種類がある。上記正方形の対角線の長さや円の周の長さの例のように、連続量の数値を通常小数（有限小数と無限小数の両方）で表す。長さ、重さ、面積、体積及び時間、速さなどが連続量に当たり、規準となるのは任意単位と普遍単位である。体積の普遍単位として算数科では立方センチメートル（通常1辺の長さが1cmの立方体と見なす）と立方メートル（通常1辺の長さが1mの立方体と見なす）の2種類を学習する。学習や発達の立場から考えると、連続量の認識は離散量の扱いの手助けを必要としている。例えばある長さを確認するとき、定規などにある目盛りを数えたりするのである。

　面積や体積も連続量であり、その学習はやはり単位となる1㎠（正方形）や1㎤（立方体）を敷詰めたり数えたりする活動から始まるのである。しかし、いずれにこの活動は測られる図形や物体の一次元的な寸法（辺の長さなど）を用いる計算によってその大きさを出すまでレベルアップしていき、最終的に面積や体積を求める公式に到達する。

　伊藤教諭による「かさを調べよう」という公開授業では、1時間の中でこの離散量の扱いから連続量の認識まで、学習者が盛に展開する一連の活動を理想に近い状態できれいに示されている。

　この授業は総時数11時間の内9時間目であり、立方体や直方体による体積概念の形成活動、体積や容積を表す普遍単位の確認、辺の長さから立方体や直方体の体積を求める学習などを経験した後、「柱体の体積

の求め方を考える」への展開であった。三角柱の体積というアプローチであるが、後半において体積の学習を立体概念の整理に生かすという特徴的な設計であった。

　学習者の活動は三角柱の体積を求めるために、「三角柱を直方体に直す」ことから始まり、様々な考えが考案され、それぞれの意味や妥当性について議論された。

　2つの三角柱を合わせて1つの直方体（四角柱）にし、
　　式　（縦×横×高さ）÷2　……　①を入手する。

　また、1つの三角柱を高さが半分のところで切断した2つの小さい三角柱を合わせて1つの小さい直方体にし、
　　式　縦×横×（高さ÷2）　……　②が得られる。

　式①と式②はどちらも直方体の学習を生かす考えであり、連続量そのものを扱っている。しかし、このままでは学習活動が「三角柱を直方体に直す」ことから出られず、授業の目標状態「底面積×高さ」の到達のためには、学習活動の方向転換が必要であった。

　「底面積×高さ」に到達するためには式変形のみで対応できるが、あえて離散量の考えを生かす方向へと教師が介入した。つまり、「三角柱の高さに1cmずつの刻みを入れ、基の三角柱を高さ1cm板状の三角柱の積重ねと見なす」という学習者の考えを登場させ、それについての議論を展開させた。

　この考えをもつ1人学習者は、
　　式　（縦×横÷2）×1×高さ　……　③
で三角柱の体積を求め、③式にある「×1」を用いて積重ねている1段分を示そうとした。

　議論は「×1」が必要かどうかに集中し、「×1がないと、面積になっちゃうんじゃない」という発言があった。これは学習活動が離散的なイメージから連続的なイメージへの転換の最中にあることを示す絶好の

パラメータであり、教師が適時に把握されたようであった。そこで、液体使用の実験を登場させ、高さを10個分にする考えから、「0から10まで連続的に変わる」、「×1×10」から「×高さ」の認識へと学習者の思考活動に起きる「昇華＝レベルアップ」を側面から支えた。つまり、この実験によっ

液体使用の実験

て、学習者の活動は体積が離散的に扱うものである認識から連続的に扱うものである認識へと発展した。同時にこの実験を通して幾何学の基本概念「点が移動した軌跡は線であり、線が移動した軌跡は面であり、面が移動した軌跡は体である」を確認してもらった。これも伊藤教諭の授業経営の大きな特徴であった。

　つまり、主な目標ではないが、学習者にとって重要な活動や大切な事項の確認を授業の主な進行の中で「つけたし」という形で実施する。「つけたし」だからなくても授業自体が成立する。しかし、「つけたし」があったからこの授業における学習者の活動の価値が高くなり、同時に授業に対する評価も高くなる。これが、後半に行われた「柱体の体積の求め方を立体概念の整理に生かす」活動についても言えることである。

　授業は「底面積×高さ」がまとまれば、一通り成立するものとなる。しかし、ここで活動を終息させることではなく、体積の求め方を立体概念の整理に生かす活動、つまり、もう1つの盛上がりへと発展させた。体積に限定して学習者の活動をそこに収束させるのではなく、より大きな枠組みの中で活

大きなつけたし

動をある程度発散させていく。これによって学習者の活用能力の育成や、学習者のもっている知識の間のつながりをよりよいものへ作らせていく効果がもたらされる。伊藤教諭のこの姿勢または手法は、教科を遥かに超えたもので、教育関係者にとってぜひ見習って身に付けたいくらい高く評価されるべきであった。

3　外延量の扱いを内包量の認識に生かす

　下はあるガソリン車のメーターの写真であり、平均燃費が12.7km／Lと表示されている。その意味はこの車の場合、1リットルのガソリン

で平均12.7kmが走れることである。
　1リットルのガソリンで平均12.7kmが走れることは、例えば、1270kmを走ったところ約100リットルのガソリンが使用されたなどに当たり、割算の式1270÷100や比1270：100によって1リットルのガソリンで平均走った距離の値をはじき出すのである。
　式1270÷100にある1270は道のり（長さ）のキロメートル数であり、100はかさ（または重さ）のリットル数である。どちらも連続量の中の外延量である。
　一方、12.7km／Lも連続量であるが、外延量の商または比（の値）

の形で表される。これを通常内包量という。

　内包量は2つの外延量の商または比の形となるが、除数または比の後項になる量に対する被除数または比の前項になる量の割合である。通常前者の1単位分に対する後者の大きさで示される。例えば、12.7km／Lが、ガソリンの1リットルの使用に対して走った距離は12.7キロメートルのことを示している。また比の前項と後項を入れ替えても、値の数値が変わるが、示される量の意味は変わらない。例えば100÷1270＝0.079なので、12.7km／Lで表される車の燃費は0.079L／kmとも表され、走った距離の1キロメートルに平均0.079リットルのガソリンが使用されることを意味する。

　このように連続量を通常外延量と内包量の2つに分けて考えており、学校数学での学習順序は通常外延量→内包量となっている。

　伊藤教諭による「単位量当たりの大きさ」の授業では、速さを調べたり比較したりすることに関する学習者の様々な考えを引き出しながら、最終的に1当たりの考えのよさを共有できるように展開したものであった。

　総時数14時間の内8時間目であり、混み具合、人口密度、農作物の収穫量（度）及び車の燃費などについての学習を経て速さにつなげた設計であった。

　3つのおもちゃの速さを調べる導入であったが、推移率を用いて簡単に当てはまるものでないような導入場面の工夫がとてもよかった。学習者たちは前時までの学習などを生かして、課題「AとBのどちらが速いのか」をスムーズに確認できた。

　比の前項も後項も動いている場合、調べようとする事柄の特徴を確認するのがなかなか難しいが、この当たりの学習者の活動の特徴としては、そのどちらか一方を一旦とめることである。つまり、内包量である2つの外延量の商または比において、その2つの外延量のどちらか一方の外

延量を固定すれば、今までなれてきた外延量と同じように扱うことができるからであり、このような活動は内包量を学習し始める時期によく見られるのである。例えば本時の自力解決に見られる「道のりまたは時間を揃える」活動はそれにあたる。

導入の課題を解決するためには「道のりまたは時間を揃える」だけでもう十分であるが、そこで、本時の目標に向かわせていくためには、「おもちゃの速さ調べ」の表を使用した。総勢22個のデータがあり、「道のりまたは時間を揃える」方法は非効率的である認識が、よりよい方法の発見の動機となった。

単元を通してみると、「見えないものを見えるようにする」工夫や、外延量の扱い方の生かす工夫はとてもよい示唆を与えるものであった。一方、子どもHの2つの説明（教師21の後と教師29の後の子どもの発言）を普通1当たりの考えの説明の前に入れて、1当たりの考えの説明をそのまま「おもちゃの速さ調べ」の表に結び付けていくと考えられるが、授業を見ていないものとしては授業者の意図を完全に理解することができていないことも残されている。

おわりに

最初に述べたように、算数的活動は児童が主体的に行う学習活動であり、見方によれば算数を学習する活動すべてはそれに当たる。しかし、主体的に行った活動であっても、活動の方向性、価値及び効率などにおいて、認知のレベルや学習者の個性などによって異なってくる場面や瞬間が多い。

教師たるものはこの活動を強引に制御するというより、側面からの支えを通して、活動そのものをよりよい方向へ、よりよい効率で展開されるように、より高い価値がもたらされるように誘導することは大切であ

る。この点において、とても参考になったのは、稲岡教諭がよく行われるゆさぶりを掛けることや、学習者同士に話し合わせたり、通常教師の発言（まとめることなど）をあえて学習者の口から出させたりすることなど、また、伊藤教諭がよく行われている丁寧な教材研究、周到な準備、1単元または1教科より大きな枠組みの中で活動させることなどであった。当たり前のことを当たり前に、もちろん確実に行われているようなことではあるが、われわれにとってもよい示唆を与えくれた。このような実践こそは、学習者の知的な成長のためのよりよい環境づくりに必ず役に立つものであった。

参考文献
1) R.R. スケンプ『数学学習の心理学』新曜社 1973年
2) 銀林浩『量の世界』むぎ書房 1975年
3) R.R. スケンプ『新しい学習理論にもとづく算数教育』東洋館出版社 1992年
4) 辰野千寿『学習心理学』教育出版 1994年
5) 中原忠男編集『算数・数学科重要用語300の基礎知識』明治図書 2000年
6) 片桐重男『算数科の指導内容の体系』東洋館出版社 2001年
7) 黒木哲徳『入門算数学』日本評論社 2003年
8) 杉山吉茂『初等科数学科教育学序説』東洋館出版社 2008年
9) 文部科学省『小学校学習指導要領解説算数編』2008年
10) 日本数学教育学会『算数教育指導用語辞典第四版』教育出版 2009年

算数科の資質・能力表

注　□は資質・能力の取扱い学年、■は資質・能力の定着学年を示す。

内容				学習要領との関連領域				1	2	3	4	5	6
ア 学び方		1	○	算数・数学的事実を自ら発見し、調べようとする。					□	■	■	■	■	■
		2	○	具体物や具体的な操作活動から、解決方法を見いだそうとする。					□	■	■	■	■	■
		3	○	既習の知識を基に、結び付けて考えようとする。					□	■	■	■	■	■
イ 表現		4	○	数の意味・基礎的な用語・記号などを正しく理解し、それらを用いて説明する。					□	□	■	■	■	■
		5	○	具体的な操作活動を基に説明する。					□	□	■	■	■	■
		6	○	図や表や数直線、グラフなどを用いて説明する。						□	□	■	■	■
		7	○	筋道を立てて論理的に説明する。							□	□	■	■
ウ 技能・活用	A 数量と計算	8	○	十進位取り記数法を活用する。	A	(3)	①		□	□	□	■	■	■
		9	○	数を合成・分解して活用する。	A	(3)	②		□	■	■	■	■	■
		10	○	等号の性質を用いて、計算のきまりに従って計算する。	A	(3)	②	ア イ					■	■
		11	○	既習の知識を利用して、いろいろな方法で計算結果の確かめをする。	A	(3)				□	□	□	■	■
		12	○	四則計算に関して成り立つ性質を用いる。	A	(3)					□	■	■	■
		13	○	様々な事象の中から法則性を見いだし、交換法則・結合法則・分配法則などを場合に応じて活用する。	A	(3)						□	□	■
		14	○	目的に応じた見積もりなどを利用して、適切に表現・処理する。	A	(3)	②	ウ			□	□	■	■
		15	○	概数を使うことのよさに気付き、実際の場面で活用する。	A	(3)	②	ウ				□	■	■
	B 量と測定	16	○	直接比較や間接比較により、2量の大小判断する。	B	(3)			□	■	■	■	■	■
		17	○	量の大小を比較し、片方を基準にしてもう一方を比較する。	B	(3)		ウ				□	■	■
		18	○	日常の量を適切な量で表し、普遍単位の意味や普遍単位をもちいて測定するよさに気付く。	B	(3)		エ			□	□	■	■

		No.	○	内容					□	□	■	■	■
		19	○	測る物に応じて適切な計器を用い、正確に測定する。	B	(3)		オ	□	□	■	■	■
		20	○	適切な単位を使って、量を表す。	B	(3)		エ	□	□	□	■	■
		21	○	量の特性を理解し、量を用いて身近な事物や現象を的確に把握する。	B	(3)		ア	□	□	□	□	□
		22	○	量の分割や移動による保存性や普遍性に気付く。	B	(3)		イ	□	□	□	□	□
		23	○	量の大きさの見当をつけ、それを基に実際の場面で活用する。	B	(3)		カ	□	□	□	□	□
		24	○	量や計器を目的に応じて、適切に選ぶよさに気付き、進んで生活に活用する。	B	(3)		オ	□	□	□	□	■
	C 図形	25	○	図形の構成要素に着目して、それぞれの図形がもつ特徴を発見する。	C	(3)			□	□	□	■	■
		26	○	構成要素を基に分類・整理し、図形の定義をする。	C	(3)			□	□	□	□	□
		27	○	道具を用いて、図形を構成したり、作図したりする。	C	(3)	③	ア	□	□	□	■	■
		28	○	形の性質を発見したり、確かめたりする。	C	(3)	①	ア	□	□	□	□	□
		29	○	図形の特徴を捉え、図形同士の関係に気付く。	C	(3)	②		□	□	□	□	□
		30	○	図形の多様な観点を基に、図形を分別する。	C	(3)	③		□	□	□	□	□
		31	○	立体を見取り図や展開図に表現する。	C	(3)	③	ウ	□	□	□	□	□
		32	○	図形のもつ美しさに気付く。	C	(3)			□	□	□	□	□
ウ 技能・活用	D 数量関係	33	○	様々な事象の中から法則性を見いだし、交換法則・結合法則・分配法則などを場合に応じて活用する。	D	(3)	①		□	□	□	□	□
		34	○	式や表、グラフなどの表す意味や有用性に気付く。	D	(3)	②		□	□	□	■	■
		35	○	具体的な場面の中にある事柄や関係を、言葉の式で表したり、□や△などを用いて表したりする。	D	(3)	②		□	□	□	□	■
		36	○	数量関係を数字や演算記号などを用いて式にする。	D	(3)	②		□	□	□	■	■
		37	○	伴って変わる2つの数量の関係を把握する。	D	(3)	①②		□	□	□	□	■
		38	○	数量の関係の考察に関数を用いる。	D	(3)	①②		□	□	□	□	■
		39	○	問題や目的を明確にし、それに合った資料を収集する。	D	(3)	③		□	□	□	□	■
		40	○	目的に応じて収集した資料を取捨選択したり、分類・整理したりして、適切な数量化を図る。	D	(3)	③		□	□	□	□	■
		41	○	資料のもつ特徴や傾向に着目し、事柄の判断や予測をする。	D	(3)	③		□	□	□	□	■

Ⅳ 附属小学校の「理科」

1 理科の研究テーマ

> 問題解決の楽しさを知り、学びの価値を実感する理科学習

　学ぶことを楽しめる授業づくりに努めることは、私たちが心掛けていることの中でも特に重要な部分の1つである。そのために、単元の柱となる課題設定をどうするかとか、どのような仕掛けをするのかといったことを考え、具体化していく。そして、これらのことは、授業づくりの楽しさとして私たち教師にとっても意味がある。

　ところで、理科における学びの楽しさとはどのようなものなのだろうか。私たちがその窓口として考えているのは、「問題解決の楽しさを知ること」であり、「学びの価値を実感すること」である。

　理科の目標には「問題解決能力の育成」が含まれており、それが理科の特色の1つでもある。そして、この問題解決の能力を育てるためには、問題解決の過程を吟味し、それに

(1)　問題把握
　　　↓
(2)　予想
　　　↓
(3)　問題解決の計画
　　　↓
(4)　追究活動
　　　↓
(5)　考察・評価

沿った指導の工夫を図ることが必要である。これに関連することとして学習過程（学習のプロセス）に注目して実践・研究を行った以前の取り組みがある。平成4年3月に発行された本校の『理科年間指導計画』には理科で求める学習のプロセスが示されており、その骨子は前頁の通りである。これは、私たちが今も念頭に置いている問題解決過程の基本である。

　本校の研究主題にある「かかわり合い」を理科学習における問題解決の過程に照らして見ていくと、観察・実験の結果を整理し考察する学習場面での意義を強く感じる。それは、個々の考察がグループや学級全体での情報交換を通して明確になったり、新たな気付きへと発展したりする学習効果が期待されるからである。そして、そのようなかかわり合いの結果として個々の考察が充実し深まることが、理科学習における「豊かな学び」の1つであろう。

　これまでの実践をふり返ってみると、そのような学びが成立するためには、自然事象のきまりや意味に対する問題意識の共通性が重要であることに気付く。平成20年度の第6学年の実践では、鶏の臓器（心臓）を特定するという問題意識の共通性が、見取った情報を共有し意味付けていこうとする学び合いにつながった。第5学年の実践では、インゲンマメの発芽条件についての仮説検証を行うという問題意識の共通性が、発芽に対しての見方や考え方を深めていこうとする学び合いにつながった。

　また、このような学び合いの中では、科学的な言葉や概念の理解を深め、それらを使いこなして考えたり説明したりすることが求められる。全体の課題や個々の問題に対する見方や考え方を十分に表出すること

ができるように、科学的な言葉や概念、図、表、グラフなどを効果的に利用した表現方法を工夫し、単元の流れの中に意図的に位置付けていく必要がある。

このように、問題意識の共通性や問題解決の流れを表現物にまとめる活動を重視してきたのは、問題解決過程に基づいた学習のプロセスを意識してきたためである。そして、このような学習プロセスの定着は、学習意欲の向上や見通しの確かさなどを促す。課題追究に伴って発生する様々な問題を解決したときに抱く「できた」「分かった」「やり遂げた」というような思いが、問題解決の過程に含まれる「楽しさ」に気付くきっかけとなるのであろう。そして、「問題解決の楽しさを知ること」は、「学びの価値を実感すること」へとつながるのであろう。なお、学びの価値を実感している子どもの姿を次のように想定している。

(1)「やってみよう」「調べてみよう」「何とかしよう」というような追究の意欲が高まっている姿。
(2)「できた」「分かった」「やり遂げた」というような達成感を味わっている姿。
(3) 学んだことと実際の自然や生活との結び付きを感じ取っている姿。
(4) 自分の進歩や成長を自覚している姿。

また、本校では、各教科が担う基礎的・基本的事項の取り扱い学年及び定着学年を明確にするために、各教科ごとの『資質・能力表』(巻末参照) を作成してきた。理科の場合、その内容は問題解決の資質・能力

に通じる部分が多い。そして、これらの資質・能力は、問題解決の繰り返しや実際の自然や生活と結び付いた理解などを伴って定着していく。さらには、身に付いた資質・能力を状況に応じて使いこなしながら、科学的な見方や考え方を確かなものにしていく。子どもたちは、このようにして問題解決の資質・能力を高めながら、学びの価値を実感していくのであろう。

そこで、本校全体の重点となっている「かかわり合いの場の創造」と「言語に着目した学びの充実」という視点を加えながら、子どもたちが問題解決の楽しさや学びの価値に気付く理科学習をめざすために、次のような授業づくりをめざしているところである。

2　授業づくりの重点

(1) 単元開発が鍵となる

単元開発というと、何か真新しいものを生み出す営みと受け止められることが多いが、私たちは真新しいことを生み出すことがすべてではないと考えている。より望ましい学びを生み出すために単元の目標を吟味したり、中心となる教材（学習材）を見直したり、単元の展開を改善したりしていくことなども単元開発の重要な要素と考えている。その要素を簡単にまとめると、次のようなものになる。

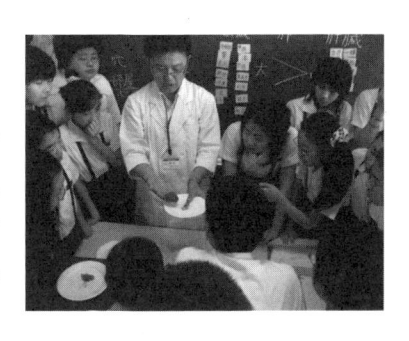

①目標の吟味（どのような視点に立って、何を重視するのか？）
②中心となる教材の見直し（目標を達成するためにふさわしい教材は何なのか？）

③展開の改善(学びのプロセスを学ぶ学習過程になっているのか?)
④その他(学びの楽しさ、意外性、実生活との結び付きなど)

　私たちは、このような要素を反映させながら、様々な単元開発を繰り返してきた。以下に、その主なものを簡単に紹介する。
　平成8年度に実践した「しょうかいします、ふるさと秋田パート1雄物川」は、秋田県を代表する一級河川を社会科と理科(流水の働き)の合科という形で教材化した第4学年の単元である。同学年にかかわっていた教師が自分たちの足で流域を調査しながら単元を構成し、ふるさとの自然に対する愛着心の深まりをめざした。なおこの実践では、外部講師を招いたり電子メールを活用したりする試みを取り入れ、それらの学習効果を確認することができた。
　平成9年度に実践した「つかまえよう、太陽の光と熱」は、日光のすばらしさを実感することをめざして開発した第3学年の単元である。校舎内外で日光にかかわる事象にたっぷりとひたり、その気付きや発見から遊びを生み出したり日常生活との関連を考えたりする子どもたちの姿が見られた。
　同年度に実践した「今、雪の下で……」は、雪国の特色を生かした自然体験活動を取り入れた第3学年の単元である。雪の下の地面の様子を詳しく観察する活動を通して、来るべき春に向けて着々と準備を整えている自然の営みを実感していた子どもたちの様子が印象的であった。
　平成13年度に実践した「落ち葉の世界から見た生きものと環境」は、子どもの切実な問題発見をめざして取り組んだ第6学年の単元である。近隣の神社の境内から持ち込んだ落ち葉をじっくり観察することで、生物と環境にかかわる多様な気付きを育むことができた。
　平成14年度に実践した「わたしたちがくらす土地のつくりと変化を探ろう」は、当時「火山活動」及び「地震」と土地の変化にかかわる課

題選択になっていた内容について、選択根拠の明確化をめざした第6学年の単元である。大学の専門家の協力を得ることで、観察・実験の種類を増やすことができた。

平成20年度に実践した「砂に混じった食塩を取り出そう」は、子どもたちの主体的な問題解決をめざし、砂に混じった食塩を取り出すことを中心課題とした第5学年の単元である。確かな見通しに基づいたストーリー性のある展開の中で、物の溶け方についての問題意識が必然的に高まった。

平成21年度に実践した「体が動く仕組みを調べよう」は、指導要領改訂に伴って新設された内容に取り組んだ第4学年の単元である。自分の体を中心にしながら、手羽先の解剖、デジタル教材の活用などを取り入れ、実感を伴った理解を促す工夫を図った。

私たちは、以上のような単元開発の成果や課題を生かしながら、理科学習における言語への着目や効果的なかかわり合いの設定などを考慮しながら、現在もなお単元開発を楽しんでいるところである。

(2) 子どもも教師も確かな見通しを

問題解決能力を育成するためには、確かな見通しをもつことをますます大切にしたい。そのために、私たちは次のような点に留意したいと考えている。

① 「ねらい」と「めあて」

このことについては、教師側の視点と子ども側の視点で区別している。「ねらい」は教師側の意図で、「めあて」は子ども側の目標や見通しという具合いである。また、このことに関しては「学びのゴールの明示」という観点からも考慮している。子どもたちに身に付けてほしいことや学習の目的を明確にすること。要所要所でどこに向かって学んでいるのか

を確かめ合うこと。そのようなことを心掛けながら、「ねらい」と「めあて」の整合性を重視している。

② 「まとめ」と「ふり返り」
　このことについては、「ねらい」と「めあて」の捉えに基づいて次のように考えている。「まとめ」は教師側のねらいに対応するもので、「ふり返り」は子どもたち一人一人が自分自身の「めあて」に対応するものという捉えである。なお、このまとめやふり返りには次時以降の見通しをも含むことが大切である。

③ 「指導」と「評価」の一体化
　このことについては、評価規準を明確にすることに努めており、本校では、その作成の目安として各教科・領域等における「資質・能力表」（巻末参照）を活用している。そうすることで、各学年で求める基礎的・基本的事項を明確にしたり、それらのつながりや積み重ねを確認したりしながら、着実な定着をめざしている。
　なお、この「資質・能力表」は、平成初期にパソコン利用が学校教育に普及し始めた頃に試案としてまとめた「コンピュータリテラシー検討表」が発端となっている。当時は、発達段階に応じた情報教育の必要感が高まりつつあり、本校でもその目安となるものが望まれた。そこで、学年ごとの系統性を考慮して作成したものがそれである。その後、特別活動における「話し合いリテラシー検討表」へと発展し、現在の各教科・領域等における「資質・能力表」へと至っている。

(3) かかわり合いの位置付け
　個々の問題意識や結論を明確にしたり、新たな気付きへと発展させたりする学習効果を期待し、グループや学級全体での情報交換の場を意図

的に設定することを心掛けている。そうすることで、見通しを確かにしたり、考察を充実させたりすることを期待しているからである。

　このことに関しては、かかわり合いの場を設定すること自体が目的にならないように気を付けている。大切なのは、何のためにかかわり合う場を設定したのかという指導者側のねらいである。目的と手段を吟味しながら、かかわり合いの場を効果的に位置付けることを大切にしていきたい。

(4) 科学的な見方や考え方を養うまとめ方の工夫

　このことについては、「書き表すこと」と「伝え合うこと」の2つを重視してきた。そのきっかけは、理科の自由研究であった。

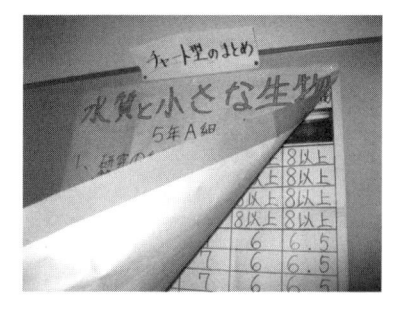

　自由研究に取り組む場合、その内容をチャート等にまとめることが暗黙の了解となり、自由研究に取り組もうとする子どもたちに対して何かしら特別なこととして個別に指導することがあった。しかし、学習したことを順序立てて書き表すことは、自由研究に取り組むか否かにかかわらず、すべての子どもたちに指導すべき内容であろう。

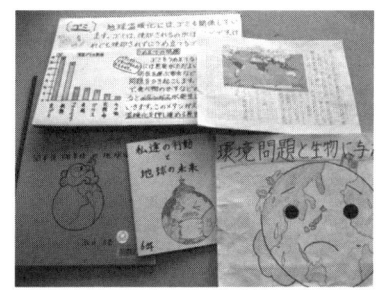

　そのような考えを抱くようになった頃、今なお研究協力を仰いでいる藤田静作氏（秋田大学教育文化学部教

科教育学講座教授）から大隅紀和氏が提唱している「ディスプレイ型ポートフォリオ」を紹介していただいた。そのことが、楽しみながらまとめる表現方法として始めた「パンフレット型のまとめ」に生かされている。また、理科の問題解決の過程と国語科で扱う説明文との類似性に着目して始めた「説明文型のまとめ」にも、理科の目標を達成する上での大きな効果を期待しているところである。

参考文献
大隅紀和『ディスプレイ型ポートフォリオ―教師と子どもの情報の組織化能力を開発する』黎明書房 2002 年

(髙橋健一)

Ⅴ 理科の授業
1 実感を伴った理解を促す授業づくり
——4年生・体が動く仕組みを調べよう——

髙橋健一

1 この実践で提案したいこと

「学ぶことが楽しいという子どもたちの思いを育みたい。」そんなことを思いながら、日々の授業の仕掛けを考えることは、実に楽しい。

学ぶことを趣味に置き換えてみる。例えば、それを料理だとしよう。料理をするためには、そのための基礎的・基本的な知識・技能が必要となる。だから、料理雑誌に目を通したり、料理を得意とする人の手ほどきを受けたりする。基礎的・基本的なことが身に付いてある程度の料理ができるようになると、ちょっと手の込んだ料理にも挑戦してみたくなる。すると、知識を結び付けたり、技能を適切に使いこなしたりすることが必要になる。そうしているうちに、オリジナルの料理にも挑戦してみたくなる。決まりきったレシピはないから、その追究の行き着くところは自分で決めるしかない。思い悩むこともしばしばあるだろうが、それも楽しみの1つとなる。

こんな風に何かに夢中になっているときは、はっきりとしためあてがあり、確かな見通しがある。そして、そこには主体的な学びがある。

「子どもの学びにも教師の授業づくりにも楽しみがあったらいいな。」
「日々繰り返すことは、できるだけ楽しい方がいいな。」
「楽しめるからこそ続けられるんだよな。」
「楽しめる苦労をしたいな。」

ここで紹介する実践は、そんなことを考えながら授業づくりを楽しんだ1例である。

子どもたちは、第3学年で「昆虫や植物の体のつくり」を学習し、理科の内容区分「B生命・地球」の1つである「生物の構造と機能」についての初歩的な見方や考え方を養っている。また、第4学年になって取り組んだ「季節と生物」にかかわる単元では、暖かくなっていく季節の動物の活動や植物の成長の様子について集めた情報をパンフレット型の表現物にまとめて情報を交換し合い、自分で情報を集めることの楽しさやそれらをまとめることのよさを実感している。

　本単元は、骨と筋肉が人の体を支え、守り、各部を動かしてることについての見方や考え方をもつために、自分の体を中心にして学習を展開する初めての単元である。この内容は、呼吸、消化・吸収、血液循環及び主な臓器の存在を扱う第6学年での学習や、生命を維持する働き、刺激と反応を扱う中学校第2学年での学習へとつながる系統的な学習の導入という意味合いをももっている。そこで、実際に体を動かしたり、模型や映像資料などを活用したりしながら、骨と筋肉のつくりと運動についての見方や考え方を深め、自分の体への興味・関心を高め、自他の生命を尊重する態度を育んでいくことを大切にしたい。

　ただし、骨と筋肉を学習対象とする場合、自分の骨や筋肉を直接観察することができないことが大きな問題となる。自分の体を使ってできることは、動かしたり触ったりする程度である。そこで、骨格模型や映像資料などを活用した学びが必要となる。自分の体を動かしたり触ったりして気付いたことから予想を立て、調べ学習によって情報を収集し、もう一度自分の体に置き換えて考察するという学習過程を構成し、自分の骨と筋肉のつくりや働きについての見方や考え方を深めていくようにする。

　また、体が動く仕組みを考察したり説明したりするためには、関節についての理解が必要である。このことについては、言葉としての理解にとどまらず、鶏の手羽先などの解剖を取り入れることで実感を伴った理

解を促す必要がある。そのようにして学んだことをパンフレット型の表現物の作成を通して再構成しながら、科学的な見方や考え方を深めていく学びの実現をめざしたいと考えた。

さらに、自分の体についての学習内容と実生活との結び付きを深めることを大切にしたい。そこで、養護教諭や栄養教諭と連携を図りながら日常生活との関連についての興味・関心を高め、健康な体を維持・増進していくための学びの連続を促すようにしたいと考えた。

授業づくりを楽しむためのポイント
(1) 内容の系統性を意識した授業づくり
(2) 実感を引き出し高める教材選択とその位置付け
(3) 言語活動を充実させるために
(4) 校内外の専門家との連携

---

2 教材紹介と教材研究

(1) 指導要領における位置付け

B　生命・地球
(1) 人の体のつくりと運動
　人や他の動物の体の動きを観察したり資料を活用したりして、骨や筋肉の動きを調べ、人の体のつくりと運動とのかかわりについての考えをもつことができるようにする。
　ア　人の体には骨と筋肉があること。
　イ　人が体を動かすことができるのは、骨、筋肉の働きによること。
(内容の取扱い) イについては、関節の働きを扱うものとする。

(『小学校学習指導要領解説理科編』文部科学省 2008 年)

(2) 内容の系統性

校種	学年	生命	
		生物の構造と機能	生物の多様性と共通性
小学校	第3学年	昆虫と植物 ● 昆虫の成長と体のつくり ● 植物の成長と体のつくり		
	第4学年	人の体のつくりと運動 ● 骨と筋肉 ● 骨と筋肉の働き（関節の働きを含む）		季節と生物 ● 動物の活動と季節 ● 植物の成長と季節
	第5学年			
	第6学年	人の体のつくりと働き ● 呼吸 ● 消化・吸収 ● 血液循環 ● 主な臓器の存在 （肺、胃、小腸、大腸、肝臓、腎臓、心臓）	植物の養分と水の通り道 ● でんぷんのでき方 ● 水の通り道	
中学校	第1学年	植物の体のつくりと働き ● 花のつくりと働き ● 葉・茎・根のつくりと働き		植物の仲間 ● 種子植物の仲間 ● 種子をつくらない植物の仲間

第2学年	動物の体のつくりと働き ●生命を維持する働き ●刺激と反応	生物と細胞 ●生物と細胞
		動物の仲間 ●脊椎動物の仲間 ●無脊椎動物の仲間
		生物の変遷と進化 ●生物の変遷と進化

(『小学校学習指導要領解説理科編』文部科学省 2008 年)

(3) 指導内容との関連事項
①骨のつくりと働き
ア 骨の数:大人では約 200 個。生まれたばかりの子どもでは、約 300 個。骨は、成長に伴って結び付いて数は減少する。

イ 骨の役割:体を形作って支え、臓器や脳を守り、筋肉と協同して体を動かす。また、骨の内部にある骨髄は、血液の細胞を作り出す。さらに、カルシウムを貯蔵する。(第6学年「人の体のつくりと働き」との関連が大きい。)

ウ 骨の形や大きさ、種類:長い骨や平らな骨、大きな骨や小さな骨など、それぞれの役割に応じて様々な形や大きさがある。固い骨以外に、透明感と弾力のある軟骨がある。

エ 骨の成長:長い骨の両端にある成長のための軟骨が硬くなり、骨は長くなる。また、太さも成長する。成長のための軟骨は、女性では 15 歳ぐらい、男性では 18 歳ぐらいでなくなる。

オ 骨を強くするために:カルシウムを摂取するだけでなく、ビタミンDを摂取すること、日光を浴びること、適度な運動をすることが大切。

②筋肉のつくりと働き
　ア　筋肉の種類：人間の体には、骨格筋、内臓筋、心筋の３種類がある。骨格筋は自分の意志で動かせる筋肉（随意筋）で、内臓筋、心筋は自分の意志で動かせない筋肉（不随意筋）である。
　イ　骨格筋のつくりと働き：関節をはさんで骨と骨をつないでいる筋肉で、腱という部分で骨につながっている。骨格筋は脳や脊髄の指令で縮み、骨と協同して体を動かす。（筋肉は、縮むことしかできない。よって、１つの関節には曲げるときに縮む筋肉と伸ばすときに縮む筋肉の両方が必要。片方の筋肉が縮むとき、もう片方の筋肉はゆるむ。）
　ウ　内臓筋のつくりと働き：平滑筋とも呼ばれる。内臓や血管などにあり、内臓を動かしたり血管の太さを変えたりしている。
　エ　心筋のつくりと働き：心臓を構成する筋肉で、心臓を収縮させる。

③関節のつくりと働き
　ア　関節のつくり：関節軟骨という弾力のある軟骨でできている。関節には、靱帯と呼ばれる丈夫な繊維があり、関節がはずれないように骨と骨を結び付けている。
　イ　関節の形と動き方：関節は、その形によって動く向きが決まる。球関節、だ円関節、鞍掛関節、蝶番関節、車軸関節などに分けられる。

球関節：肩関節、股関節に見られ、あらゆる方向に自由に動く。
だ円関節：手首などに見られる。
鞍掛（くらかけ）関節：親指の付け根などに見られる。
蝶番（ちょうつがい）関節：ひじ、ひざ、指の関節に見られる。
車軸関節：首の関節などに見られ、回転する動きを生み出す。

（『ポプラディア情報館　人の体』ポプラ社 2006 年）

(4) 実感を伴った理解を図るために考えられる手立て
①直接的な観察や体験
　ア　自分の体を触ったり、動かしたりすること。
　イ　腕相撲、指相撲などの遊びを取り入れた学び。
　ウ　万歩計の利用。
　エ　腕や脚の関節を固定した場合の動きの体験。(当たり前の中に潜むすばらしさへの気付き。)

②間接的な観察や体験
　ア　骨格模型の利用。
　イ　手羽先など、生の物をモデルとした観察。
　ウ　図書資料、科学技術振興機構(JST)「理科ねっとわーく」のデジタル教材などの活用。
　エ　骨のレントゲン写真。
　オ　心臓の筋肉(心筋)の動きを実感するための心音マイクの利用。

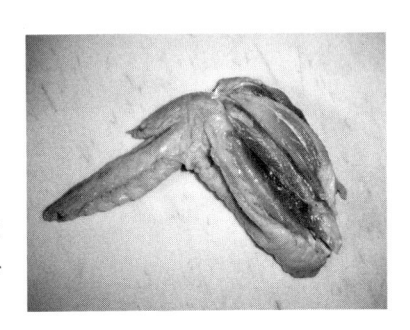

③校内外の専門家と連携して
　ア　養護教諭や栄養教諭との連携による、実生活(健康や食事など)と骨、筋肉、関節との関連にかかわる話題の提供。
　イ　整形外科や整骨医院の医師や整体師との連携。

④その他
　ア　マジックハンドやロボット、扉の蝶番の構造。
　イ　人形が主人公となっている物語や映画のおもしろさの解釈。
　ウ　パンフレット型などの表現物の作成を通した学びの再構成。

(5) 身に付けさせたい資質・能力〈記号は、本校の資質・能力表との関連〉

〈アー5〉栽培や飼育などの体験活動を通して生命の神秘さや巧みさを感じ取り、自然環境を大切にし、生命を尊重しようとする。

〈イー1〉表やグラフなどを活用しながら、科学的な言葉や概念を使用して考えたり説明したりする。

〈ウー3〉観察・実験の過程や結果を的確に記録し、観察記録や実験データを表に整理したりグラフに処理したりする。

〈ウー4〉図書資料、映像資料、標本、模型、インターネット、新聞などを活用したり、地域の人々や施設とかかわったりしたりして、目的に応じた情報を収集する。

〈エー12〉人には骨と筋肉があること、それらの働きによって人は体を動かすことができることが分かる。

3 単元計画

(1) 単元名
4年生 体が動く仕組みを調べよう

(2) 単元の目標
①自分の体が動く仕組みを骨と筋肉のつくりや働きに着目して追究しようとする。(関心・意欲・態度)
②体が動く仕組みについて予想したり、骨格模型や映像資料などから得た情報を自分の体に置き換えたりしながら、体が動く仕組みについて考察し、説明することができる。(科学的な思考・判断)
③骨と筋肉のつくりや働きについて、骨格模型や映像資料などを活用しながら必要な情報を収集し、課題に応じたまとめをすることがで

きる。(観察・実験の技能・表現)
④人の体には骨と筋肉があり、それらの働きによって体を動かすことができることが分かる。(知識・理解)

(3) 単元の構想（総時数7時間）

時	学習活動	教師の主な指導
1	【ねらい】自分の体が動く仕組みについて興味をもち、知っていることや疑問に思うことを伝えようとする。また、人の体には骨と筋肉があることが分かる。	
	①自分の骨と筋肉の予想図を描くことを通して、体が動く仕組みを調べるための見通しをもつ。 〈学習課題〉 自分の体が動く仕組みを調べよう。	●骨と筋肉のつくりや働きについての問題意識を高めることができるよう、昆虫や植物の体のつくりを想起したり腕相撲や指相撲をしたりして、気付いたことを紹介し合う場を設ける。 ●学習の見通しを明確にする手立ての1つとしてパンフレット型の表現物の作成を位置付け、個々の問題意識を言語化させる。
	【ねらい】自分の体を動かしたり触ったりしながら、骨と筋肉のつくりや働きについて予想を立てることができる。また、骨と筋肉のつくりや働きについて模型や映像資料などから必要な情報を集め、その要点を絵や言葉で記録することができる。さらに、人が体を動かすことができるのは、骨と筋肉の働きによることが分かる。	

2	②自分の体を動かしたり、模型や映像資料を活用したりしながら、骨と筋肉のつくりと働きを調べる。 ア 骨のつくりと働きを調べる。	●模型や映像資料を使う目的が明確になるように、自分の体を動かしたり触ったりして具体的な予想を立てることを促す。 ●骨と筋肉のつくりや働きについての情報源として、科学技術振興機構（JST）「理科ねっとわーく」のデジタル教材「三次元CGおよび映像でみる人体のしくみ」を活用する。 ●骨、筋肉、関節の状態を実感することができるように、手羽先内部の観察を設定する。
3	イ 筋肉のつくりと働きを調べる。	
4 (本時)	ウ 関節の働きを調べる。	

【ねらい】自分の体が動く仕組みについて、「骨」「筋肉」「関節」という名称を適切に使用して考察し、説明することができる。

5 6	③骨と筋肉のつくりや働きについて分かったことをふり返り、自分の体が動く仕組みをまとめる。	●「骨」「筋肉」「関節」という名称を適切に使用して考察することができるように、これまで学習したことを再構成しながら、パンフレット型の表現物を完成する時間を設ける。

【ねらい】自分の体のよりよい成長にかかわる意欲をもとうとする。

7	④養護教諭及び栄養教諭から、骨と筋肉の健康を維持・増進し	●学習成果と日常生活との関連を意識することができるように、養護教諭及び栄養教諭から健康や食事との関

ていくことについての話を聞く。	連について話をしてもらう。

4　授業案と授業記録

第4時（4／7）
日　時：2009年6月12日（金）10時45分～11時30分
学　級：4年A組（男子17名、女子18名、計35名）（理科室）
授業者：髙橋健一

(1) 本時の授業案
①ねらい
　手羽先の関節の観察や人の関節についての映像資料の視聴を通して、関節の働きを説明することができる。
②展開

時間	学習活動	教師の指導　評価
8分	①ひじには関節という部分があることを知り、関節の働きによってひじが動く仕組みを予想する。	●ひじを曲げ伸ばしすることができる仕組みについての問題意識が高まるように、「ひじに関節がなかったらどうなるのか」という問い掛けをする。
	〈本時の課題〉 ひじを曲げたり伸ばしたりすることができる仕組みを説明しよう。	

12分	②手羽先の関節を観察し、初めの予想を吟味する。	●直接観察することができない自分のひじの観察モデルとして、教師が事前に解剖した手羽先を各グループに配布する。また、前時までに学習した骨や筋肉の状態も合わせて確認するように促す。
18分	③映像資料から情報を収集し、ひじを曲げ伸ばしすることができる仕組みについて、関節という言葉を用いて説明する。 （予想される説明） ●骨と骨のつなぎ目を関節という。ひじにも関節があり、その近くの骨は腱という部分で筋肉とつながっていて、筋肉が縮むことでひじを曲げたり伸ばしたりすることができる。	●関節の働きについてのイメージを具体化することができるように、科学技術振興機構(JST)「理科ねっとわーく」のデジタル教材「三次元CGおよび映像でみる人体のしくみ」を提示する。 自分のひじを曲げ伸ばしすることができる仕組みについて、「骨」「筋肉」「関節」という名称を適切に使用して考察し、説明することができる。（グループ及び全体での発言内容、ノートの記述内容）
7分	④ひじ以外に関節がある部分を予想したり、関節があるからこそできることを見付けたりしながら、関節があることの意味を実感する。	●たくさんの関節があることで様々な動きをすることが可能であることを実感することができるように、ひじを固定してコップの水を飲もうとしたり、ひざを固定して段差を越えようとしたりする場面を紹介する。

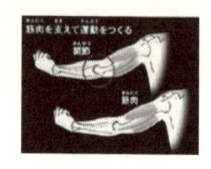

(2) 授業記録
①課題の確認
教師1 （いつも通り、黒板の左隅に月日、天気、気温、単元名を板書。）（骨、筋肉に続き、関節を扱う本時の見通しを確認。）関節ってどういうところなのか説明できますか。
子ども 曲がる部分。骨と骨のつなぎめ。筋肉と一緒に働く部分じゃないの。
（予想以上に多くのつぶやき。）
教師2 私たちの体には、関節という部分がたくさんあります。今日は、その中からこの部分にしぼって考えてみましょう。（ひじを曲げ伸ばしする様子を示した絵を掲示。）ここなんていうの。
子ども 腕。ひじ。
教師3 それでは、今日の課題をノートに書きましょう。

〈本時の課題〉
ひじを曲げたり伸ばしたりすることができる仕組みを説明しよう。

教師4 ひじには関節がありますか。
子ども （自分のひじを触って確かめながら）あります。
教師5 それじゃ、ひじに関節がなかったらどうなるんだろう。
子ども 骨折しちゃうよ。（笑みが広がる。）
教師6 それでは、今日の課題についてどんな説明ができるかノートに書いてごらん。（2分ほど時間を置いたが、ほとんどの子どもは言葉にできない様

子ども　　　子。記述できた子どもは数人。その中の1人を指名。)
子ども　　関節が動くから。
教師7　　あなたの近くの人たちはどんな説明をしていましたか。
子ども　　ほとんどの人が書いていないから分かりません。

> コメント1：子どもたちの問題意識を高めるためには、分かっているつもりでもうまく説明できない部分を自覚させ、知的好奇心をゆさぶることが有効である。

②手羽先の関節を観察

教師8　　説明することはまだ難しそうですね。それでは、少しお手伝いをしましょう。これです。(鶏の手羽先を提示しながら) スーパーから買ってきました。
子ども　　(口々に) わー。焼き鳥にするんだよな。美味そう。食べたい。
教師9　　よく知っていますね。でも、今日は関節を確かめるために準備しました。このままだと関節が見えないので、皮に切り込みを入れてあります。グループごとにピンセットとビニル袋をうまく使って、どこに関節があるのか実際に確かめてみてください。(3分ほどしたところで、モニターに映し出した手羽先の画像を使って、代表児童に関節の部分を示してもらった。)
教師10　　そこが人のひじだとすると、どのようにして動かしているんだろうね。(関節付近の詳しい観察をさらに1分ほど促し、各テーブルを回ってつぶやきを拾い集めた。)
教師11　　今いろいろな発見があった

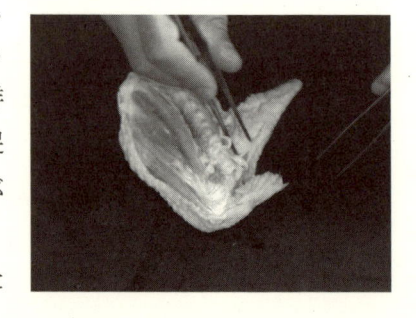

ようなので紹介したいと思います。椅子を持ってモニターの前に集まってください。(モニターに映し出した手羽先の画像を使いながら)さっき、そっちのグループで「柔らかい」と言っていたこの部分は何なんだろう。

子ども　(ほぼ一斉に) 筋肉!!

教師12　その通り。筋の肉と書いて筋肉。では、この固いところは?

子ども　(ほぼ一斉に) 骨!!

教師13　すると、この部分には骨と筋肉と関節がそろっていることが分かりますね。それじゃ、これが生きていたらどのようにして動いているんだろうね。ちょっと見ていてください。(ピンセットを使って、関節近くの腱を引っ張ってみせた。)

子ども　(手羽先の腱を引っ張るのと同調して先端が動く様子を確認。)

　　　　うお〜。(歓声とともに拍手喝采。)

> コメント2：手羽先にしろ他の物にしろ、目的に応じた観察を促すためにはその視点を明らかにすることが大切である。関節とはどの部分なのか。筋肉とはどの部分なのか。骨とはどの部分なのか。そのような問いかけをしながら、観察の視点を具体化していくかかわりを大切にしたい。

③映像資料からの情報収集

教師14　今見たことを言葉で表すとどうなるんだろうね。(ざわざわとつぶやき始めた子どもたちの様子を確認しながら)もう1つ資料を準備しています。(消音したデジタル教材を提示。)

子ども　(映像を見ながら「伸びた」「縮んだ」など、解説のようなつぶやきを始めた。)

教師15　音が無かったでしょう。わざと消しました。（子どもたちから少々ブーイング。）でも、映像を見ながらみんなの方で説明していたみたいですね。それじゃ、音を付けてもう1回流します。みんなの説明と似ているかどうか聞いてください。

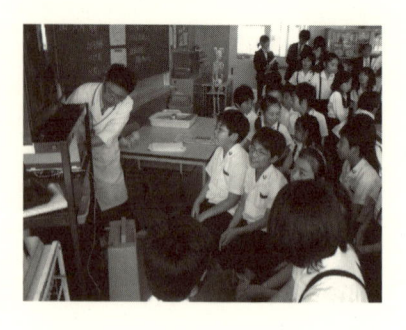

子ども　（誇らしげに）やっぱり「伸びる」とか「縮む」とかが出てきたよ。

コメント3：科学技術振興機構（JST）「理科ねっとわーく」配信のデジタル教材「三次元CGおよび映像でみる人体のしくみ」から関節の働きにかかわる部分を提示する際に、初めは意図的に音声を消去した映像を提示し、次に音声が入ったものを提示した。なぜかというと、映像の意味を自分なりに解釈しながら解説に相当することを語り始める子どもたちの姿が予想されたからである。（その根拠は、これまでの子どもたちの姿の見取りと子どもたちと教師の関係性に起因する。）

案の定、映像に登場した用語（関節、骨、筋肉、脳、腱など）を自分なりに使いながら、その映像が示す関節の働きをつぶやき始める子どもたちが出てきた。教師は、そのつぶやきに相づちを打ちながら、音声付きの2回目の映像を流した。おもしろいことに、先程のつぶやきがその解説と重なっている部分が多く、誇らし気な子どもの姿があちこちに見られた。

④グループごとに結論を導く

教師16　今日準備した資料はこれで全部です。ひじを曲げたり伸ばしたりすることができる理由を説明できそうですか。(子どもたちは、少し渋い表情。)それぞれのグループにホワイトボードを渡します。グループで結論をしぼって、ホワイトボードに説明書きをつくってごらん。(5分ほど時間を与え、それぞれのグループが書き終えたところを見計らって、教師がねらいとしていた「骨」「筋肉」「関節」の3つの用語が入っている2つのグループの結論を紹介した。)

子ども　筋肉と骨は腱でしっかりとむすばれている。筋肉がちぢむと関節が曲がる。(※言語表記は、ボードに書かれていた言葉遣いに基づく。)

子ども　脳の命令で筋肉がちぢんでけんがひっぱられて骨が動いて関節が働く。(※言語表記は、ボードに書かれていた言葉遣いに基づく。)

コメント4：これまでの学習では、何人かの子どもたちの発言を教師がまとめて結論とすることが多かった。そのため、自分たちで十分に考察して結論を導き出したという意識を子どもたちが実感するまでには至っていなかったようである。そこで、今回はグループご

とに考察して結論を導き出す場の設定を試みた。
　先に「関節が動くから」という予想を書いていた子どものグループは、「のうからの指じでまがる腱というじょうぶなひものようなものでしばられているから関節がまがる。きん肉はちぢむだけ」（※言語表記は、ボードに書かれていた言葉遣いに基づく。）という結論を書き残していた。
　これらのことから、本時を通して関節の働きについての見方や考え方が明確になったことは明らかである。また、グループを中心に自分たちで結論を導き出したという満足感を感じ取ることもできたようである。これは、「関節の働きを説明できるようになる」という明確な目的意識とそのための情報収集の場、グループごとに考えを出し合って結論を導き出すという一連の流れがあってこその成果であろう。かかわり合いの場があればそれでよいのではなく、かかわるための素材が十分に確保されていることが重要であろう。
　なお、教師側で目安としていた説明内容は次の通りである。

〈ねらい達成の目安としていた説明例〉骨と骨のつなぎ目を関節という。ひじにも関節があり、その近くの骨は腱という部分で筋肉とつながっていて、筋肉が縮むことでひじを曲げたり伸ばしたりすることができる。

---

⑤もしも関節がなかったら……

教師17　最後に、関節がなかったらどうなるのかを1つ紹介して終わりにしましょう。（代表の子どもに、写真のように段ボールでひじを固定した状態で、ペットボトルに入ったお茶をコップに注いで飲んでもらうことにした。）

教師18　ふたを開けることはできましたね。ふたを開けるときは、主

1 実感を伴った理解を促す授業づくり

|にどこの関節を使ったのかな。
子ども　（口々に）指の関節。
教師19　それでは、遠慮無く飲んでみましょう。
子ども　（段ボールで固定した腕では飲むことができず、固定していない方に持ち替えて飲む。予想外の行動に、教室中大爆笑。）
教師20　段ボールで固定した腕では飲めませんでしたね。なぜですか。
子ども　ひじの関節が使えないからです。（本時は、ここで終了。）

> コメント5：当初は、ひざにも段ボールを巻いて踏み台昇降のような体験をさせたり、「もしも、○○に関節がなかったら」というような問い掛けをしたりしようと考えていたのだが、あえなく時間切れとなってしまった。関節の働きについての実感をさらに高めたい場面なので、できるだけ多様な体験や問い掛けを準備しておきたいものである。

【最終板書】

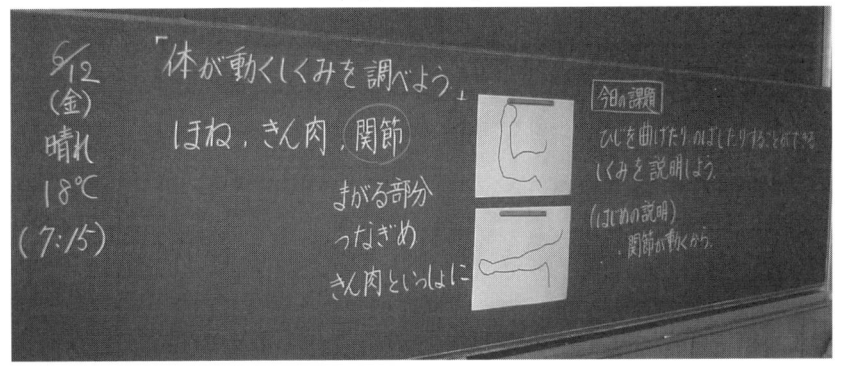

167

5　成果と今後の研究課題

（1）内容の系統性を意識した授業づくり

　新しい学習指導要領に基づいて理科で考慮すべきことの1つに、内容の系統性がある。ここで紹介した第4学年「人の体のつくりと運動」にかかわる実践は、内容区分「B生命・地球」の中の「生物の構造と機能」に関する系統性という観点から、第6学年「人の体のつくりと働き」、中学校2年「動物の体のつくりと働き」につながっていく。そこで、新学習指導要領の趣旨を意識して実践した第6学年「人の体のつくりと働き」についての高橋の指導事例を簡単に紹介する。

①**単元名**　人の体のつくりと働きを調べよう

②**学ぶ子どもたちと単元について**

　子どもたちは、昆虫の体のつくりや人や魚の誕生などについて学習し、生命についての見方や考え方を養ってきている。また、ものの燃焼を対象とした前単元では、空気中の酸素や二酸化炭素の割合の変化に着目した学習を経験している。

　本単元では、酸素や養分を体内に取り入れ、血液の循環によってそれらを運んでいることを窓口にして、生命活動を維持している体のつくりや働きを捉えさせることがねらいである。植物の発芽と成長やものの燃焼など、動物以外を対象とした学習とも関連させながら、自分たちの体の仕組みを多面的に捉えさせていく。

　今回の追究の過程では、様々な臓器の特徴を捉える必要がある。しかし、人の臓器を直接観察することは倫理上不可能である。そこで、図書資料や映像資料などで捉えた事柄を、鶏の内臓の観察を通して確かめる

場を設ける。そうすることで、習得した知識を活用しながら学び合い、臓器についての見方や考え方を深め、自他の生命についての畏敬の念を深めていく子どもたちの姿を期待したい。

③単元の目標

ア　生命活動を維持するために必要な体のつくりや働きについて興味をもち、見いだした課題を多面的に追究しようとする。(関心・意欲・態度)

イ　呼吸、消化、排出及び循環の働きについて、かかわりのある臓器のつくりと関連付けながら調べ、それらの仕組みを説明することができる。(科学的な思考・判断)

ウ　目的に応じて石灰水や気体検知管、ヨウ素液などを適切に使ったり、鶏の内臓などの具体物を観察したり、映像資料を活用したりしながら必要な情報を収集し、課題にふさわしいまとめをすることができる。(観察・実験の技能・表現)

エ　人や他の動物は、呼吸・消化によって酸素・養分を取り入れ、血液の循環でそれらが体の隅々まで運ばれて様々な臓器が働き、生命活動を維持していることが分かる。(知識・理解)

④単元の構想（総時数 11 時間）

時	学習活動	教師の主な指導
1	ア　人が生きていくためには何が必要かを考え、学習の見通しをもつ。	●学習の方向性についてのイメージをもつことができるように、童謡「手のひらを太陽に」を提示し、生命活動に対する興味・関心を高める。
2 3	イ　呼吸、消化、排出及び血液の循環の働きについて調べる。	●習得済みの技能を効果的に活用して体の働きを調べることができるように、子どもたちが必要に応じて石灰

4		水や気体検知管、ヨウ素液などを使用することができるようにしておく。
5		●自分の体のつくりと働きのすばらしさや巧みさを実感することができるように、自分の呼気、自分の心音、自分の唾液など、可能な限り自分の体で確かめる場を設ける。
6		
7		
8		●直接観察が難しい部分についての見方や考え方を深めることができるように、模型や映像などの資料を準備して興味・関心を高めたり、個別の調べ学習を促したりする。
9	ウ　鶏の臓器の特定を通して人の臓器の特徴をふり返り、私たちが生きていくための体の仕組みについて分かったことや考えたことをまとめる。	●臓器の具体的なイメージをつかむことができるように、食品として一般的に販売されている鶏モツを準備する。
10		
11		●鶏の臓器に対する抵抗感を軽減するために、ポリエチレン製の手袋を準備する。
		●課題追究の流れに沿ったまとめができるように、課題設定、予想、追究方法、結果、考察といったキーワードを提示する。
		●次単元である「植物の体の働き」との関連を図るために、人と植物の類似点についての予想を引き出す。

今後この単元を実施する場合、第4学年「人の体のつくりと運動」の学習内容をどのように生かし、中学校2年「動物の体のつくりと働き」にどのように接続させるかを検討する必要がある。第4学年に「人の体のつくりと運動」が新たに位置付けられた意義を吟味しながら、連続性のある学びを創造していきたいものである。

(2) 実感を引き出す教材選択とその位置付け

　子どもたちの学びは、様々な学習を重ねながら具体的な思考から抽象的な思考へと向かう。だからこそ、理科の学習を始める小学校中学年段階における具体的な思考の充実がますます重要になってくる。このような視点から本単元に位置付けた主な教材の選択理由とその位置付けは、以下の通りである

①自分の関節（ひじ、ひざなど）を動かしたり触ったりすること

　『学習指導要領解説理科編』には、「自分の体を中心に扱うようにし……」という解説が盛り込まれている。人の体のつくりにかかわる小学校及び中学校の系統的な内容構成から見ても、自分の体を中心とした見方や考え方を十分にもつことが重要であることはいうまでもない。

　本単元の中では、自分の「骨」「筋肉」及び「関節」を手触りで押さえていくことの他に、腕相撲、指相撲などの遊びを取り入れたり、ひじを固定した場合の動きの体験などを取り入れた。それは、普段の何気ない当たり前な動きの中に潜む自分の体のすばらしさに気付かせたいと考えたからである。他に、歩くことにかかわる骨や筋肉のすばらしさを万歩計の数値で実感することも有効であろう。

②手羽先を使った関節の観察

　体が動く仕組みを考察したり説明したりするためには、関節について

の理解が必要である。このことについては、言葉としての理解にとどまらず、可能な限り本物に触れることが大切であろう。しかし、それは倫理上の限界があるので、鶏の手羽先などの生の物を活用することが有効である。

今回は、手羽先内部にある「骨」「筋肉」「関節」を具体的に確認できたことで、それらのイメージを具体化することができた。

③デジタル教材からの情報収集

体が動く仕組みについての理解を深めるためには、自分の体で確かめたり、手羽先の観察を取り入れたりといった具体的な学びとそのイメージを言語化していく抽象的な学びの組み合わせが必要であろう。そこで目を付けたのが、科学技術振興機構（JST）「理科ねっとわーく」配信のデジタル教材「三次元CGおよび映像でみる人体のしくみ」である。このデジタル教材は、直接観察できない人の体のつくりや仕組みを様々な視点で焦点化した構成になっているので、指導のねらいに応じて多様な使い方ができる。教科書や図鑑などの図書資料とともに、このようなデジタル教材の有効な利用を引き続き検討していきたい。

(3) 言語活動を充実させるために

本校理科部においては、チャート型、パンフレット型、説明文型などの表現物の作成を模索してきている。それは、個々の学習成果を目に見える形で残すようにさせたいという思いや、自ら学んだこと（学習した内容や自分にとっての意味）を自覚させたいという思いがあるからである。

本実践においては、楽しみながら取り組める要素が多く、前単元「あたたかくなると」の学習で経験したパンフレット型の表現物を位置付けた。今回は八つ切り画用紙を三つ折りにしたものを使用し、次のような

手順で作成を進めた。

> ①単元の導入時に自分の骨と筋肉の予想図を描くことを通して個々の問題意識を明確にし、それをパンフレット型の表現物の表紙にタイトルとして言語化する。
> ②パンフレット型の表現物に生かすことを意識したノートづくりを進める。
> ③「骨」「筋肉」「関節」を窓口にして自分の体が動く仕組みについて学習したことをふり返り、導入時に設定した問題の答えに当たる事柄を選択して再構成しながらパンフレット型の表現物に書き込む。
> なお、理由が明確であれば、タイトルを変更することを認める。(導入段階の問題意識からさらに気掛かりなことが生まれた理由を聞き取って、その関心の高まりをおおいに賞賛することが肝心である。多くを書き込むのが苦手だと感じている子どもや、文字よりもイラストを描くことを好む子どもには、次のような助言も効果的。「文字は大きい方がいいよ。すき間がたくさんあってもいいよ。挿絵があるとなおいいよ。同じ内容でも、その方が読みやすいでしょ。」)
> ④完成したパンフレット型の表現物を廊下等に展示し、自由に閲覧することができるようにする。(今回は、PTA授業参観を活用し、多くの保護者に閲覧してもらう機会も得た。)

先に述べた「楽しみながら取り組める要素」は、この記述から読み取っていただけるのではないだろうか。もちろん、「骨」「筋肉」「関節」といった用語の使い方も適切に行われていた。その理由は、個々の明確な問題意識と表現物作成に対する確かな見通しにあるのではないかと考

えている。

　なお、今回の実践から「人の体のつくりと運動」における科学的な用語を吟味してみると、学習指導要領解説理科編に登場する「骨」「筋肉」「関節」の他に、「腱」及び「脳」の必要性を実感した。子どもたちの問題意識は、骨と筋肉のつながりや筋肉の収縮をつかさどるものについても自然に向いていく。借り物の言葉ではなく、その意味理解を伴った上でそのような用語を付け加えながら、本学習内容における言語活動の充実を図っていきたい。

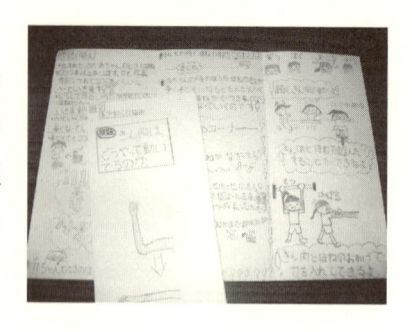

(4) 校内外の専門家との連携

　今回の実践では、養護教諭や栄養教諭と連携した取り組みを試みた。それは、理科の時間に学習した内容が子どもたち一人一人を取り巻く様々なものと直結していることを実感させたいと考えたからである。

　以下に、授業後の主な感想を紹介する。

- 今度からはほねをじょうぶにするために、朝ごはんや昼ごはん夜ごはんでまいにちきっぱりとえいようとカルシウムをとり、ごはんを食べたら外に行って遊び日光にあててビタミンDをためる。
- 骨を丈夫にするために、食べてから日光をあびて遊べばいいん

だなんて思わなかった。
（※言語表記は、原文に基づく。）

　なお、今回は校外の専門家と連携を図る準備が間に合わず、それを実現することはできなかった。校外の専門家としては、整形外科や整骨医院の医師、整体師、大学の研究者などが考えられる。今後は、そのような方々との連携を実現し、子どもたちを取り巻く様々な関連事項を生かした実践をめざしたい。

(5) 今後の研究課題と方向性
①かかわり合いの場の創造
　理科学習におけるかかわり合いは、見通しをもつ場面や考察をする場面で自然に生まれてくると考えていたが、そうではないことを実感した。そのような場面での教師の手立てが不十分であると、子ども同士のかかわり合いは充実しないようである。
　今回は、ホワイトボードを媒体として互いの考え方を共有化させようとしたが、ホワイトボードを使っただけでは十分なかかわり合いを生み出すことはできなかった。不十分だった部分を検討し、学習効果を高めるかかわり合いの場、さらには子どもが求めて止まないかかわり合いの場を生み出す手立てを見いだしていきたい。
　また、学びの視点（目的、めあてなど）が曖昧になると、かかわり合いも曖昧になることが顕著に見られた。その視点を指導者が一方的に示すのではなく、子どもから引き出すコーディネートを考慮しながら、問題意識の自覚を促していきたい。

②言語に着目した学びの充実

　図やモデルで表すことにとどまらず、最終的には言語によるまとめにもっていくことが大切になりそうである。そして、その言語は、借り物の言語ではなく理解を伴った言語でありたい。資料（図書、映像など）に登場する言語をそのまま使うだけでは、聞き手に伝わらないことが多い。専門的な言語を形だけ使用するのではなく、具体的なイメージを共有することができる理解を伴った言語を大切にしたい。そのために、理科学習においても辞書の活用を勧めるようにしている。理科室にも国語辞典をはじめとした辞書を備え置くことは、言語活用能力を高めるためにことのほか有効であることを書き添えておく。

　また、子どもたちに投げ掛ける指導者側の言語についての検討も重視すべきである。「今の映像を言葉で説明するとどうなるんだろうね。」「○○さんとちょっと違うと言っていたけれど、その『ちょっと』を説明してごらん。」など、教え込むのではなく考えさせて引き出す問い掛けを大切にしたい。また、このことについては、考えさせる部分とその場で瞬時に助言する部分との見極めも必要になりそうである。

　パンフレット型のまとめといった表現物の工夫は、学習した事柄を再構成したり言語を吟味したりする上での効果がさらに期待される。参考までに、先に紹介した第6学年「人の体のつくりと働きを調べよう」で試みた説明文型のまとめを紹介する。

「私たちが生きていくための体の仕組み」
　私たちは、生きています。生きていられるのは、呼吸をしているというのと、食べ物（栄養）をとっているということと、心臓が動いているということだからです。
　それでは、心臓のつくりとはたらきはどうなっているのでしょうか。

下の図を見てください。(「心臓内部の略図」省略)
　人の心臓は、4つの部屋に分かれていて、それぞれの部屋は、心臓の筋肉のはたらきによって規則正しく動いています。この動きによって、全身や肺から流れてきた血液が心臓へ流れこんだり、血液を全身や肺に送り出したりしています。
　心臓は、1日に何回血液を送り出すのかを実験してみました。実験方法は、自分の手や首に手を当て、1分間測ってそれを60倍し、それからまた24倍します。そして、血液は心臓1回約0.08リットル送り出されるので、1日の脈拍数×0.08で24時間に流れる血液の量が分かります。結果は、血液が24時間で8,294.4リットルも送り出されることが分かりました。
　それから、私は、階段ダッシュをしてから脈拍を測ってみると、運動していないときよりはやくなっていました。そこで、運動をすると心臓の動きがはやくなるのはなぜかというのを調べてみました。結果は、血液を運ぶため、心臓の動きがはやくなるからということが分かりました。
　心臓は、私たち人間になければならないものです。また、心臓は、いつも規則正しく動いているので、血液が流れこんだり、送り出したりしていてすごいと思いました。

〈説明文型のまとめ〉の掲示

③ち密な事前準備

　理科は、事前準備の段階で授業の成否が決まってしまう要素が非常に大きい。これは、理科に限ったことではないだろうが、教材の選択や開発、提示の仕方など、ねらいに応じた準備を手厚くしていきたい。

今回の紹介実践にあった関節の仕組みを実感させるための手羽先の提示の仕方についても、子どもの思考の流れを十分踏まえた上で、教材が一人歩きしないようなち密な準備が必要であったと感じている。また、考えさせたいことや最終的な収束点を明確にし、ぶれなく筋の通った展開をめざしたい。

④他教科・領域等との関連

　理科の学びが理科の時間だけでは成立しないということについては、誰もが納得する当然のことでろう。例えば、東西南北といった方位については社会科での学習が先行しているし、グラフや表の作成、読解については算数科の学習を生かすべきである。また、消化・吸収を扱う第6学年の学習では、家庭科における栄養素の学習との関連を重視したい。さらには、環境保全にかかわる学習であれば、総合的な学習の時間との関連を生かしたい。

　このように、他教科・領域等との関連を生かすことは理科学習の充実を図る上で大きな可能性を有している。このことについては、私たちが気付いていなかったり見落としていたりしている部分がまだまだたくさんありそうである。理科の学習内容に応じて校内外の「人」「もの」「こと」との関連や連携を生かすことと同時に、子どもたちの学びの履歴を生かすことも、今後の授業づくりの楽しみの1つになりそうである。

参考・引用文献
(1)『小学校学習指導要領解説理科編』文部科学省 2008年
(2) 坂井建雄／監修『人のからだ』ポプラ社 2006年

2 問題解決の楽しさと学びの価値を実感する子どもの姿をめざして
――5年生・砂に混じった食塩を取り出そう（物の溶け方）――

武石康隆

1 この実践で提案したいこと

今次の学習指導要領の改訂に伴い、理科の学習内容の領域区分は「物質・エネルギー」「生命・地球」の2つに分類されることとなった。そしてその改善の基本方針には、次のような記述がある。

> 理科の学習において基礎的・基本的な知識・技能は、実生活における活用や論理的な思考力の基盤として重要な意味をもっている。また、科学技術の進展などの中で、理数教育の国際的な通用性が一層問われている。このため、科学的な概念の理解など基礎的・基本的な知識・技能の確実な定着を図る観点から、「エネルギー」、「粒子」、「生命」、「地球」などの科学の基本的な見方を柱として、子どもたちの発達の段階を踏まえ、小・中・高等学校を通じた理科の内容の構造化を図る方向で改善をする。

ここからは、子どもの学び方の特性や二分野で構成されている中学校との接続を十分に考慮し、小・中学校の理科の7年間を見通した教材解釈や教材開発がより一層求められていることがうかがえる。

今回取り上げる単元「物の溶け方」は、子どもたちが水溶液を学習対象とする初めての単元である。また、水溶液を扱う理科学習は、その内容を変えながら第6学年及び中学校まで続く。よって、本単元には水溶

液を科学的に捉える系統的な学習の導入という意味も含まれている。

　まずは「粒子」を柱とした内容の構成から「水溶液」の学習内容の関連性を見てみよう。

		粒　　子			
		粒子の存在	粒子の結合	粒子の保存性	粒子のもつエネルギー
小学校	第3学年			物と重さ ●形と重さ ●体積と重さ	
	第4学年	空気と水の性質・空気の圧縮・水の圧縮			金属、水、空気と温度 ●温度と体積の変化 ●温まり方の違い ●水の三態変化
	第5学年			物の溶け方 ●物が水に溶ける量の限度 ●物が水に溶ける量の変化 ●重さの保存	
	第6学年	燃焼の仕組み ●燃焼の仕組み	水溶液の性質 ●酸性、アルカリ性、中性 ●気体が溶けている水溶液 ●金属を変化させる水溶液		

中学校	第1学年	物質のすがた ●身の回りの物質とその性質（プラスチックを含む） ●気体の発生と性質		水溶液 ●物質の溶解 ●溶解度と再結晶	状態変化 ●状態変化と熱 ●物質の融点と沸点
	第2学年	物質の成り立ち ●物質の分解 ●原子・分子	化学変化 ●化合 ●酸化と還元（中3から移行） ●化学変化と熱（中3から移行）		
			化学変化と物質の質量 ●化学変化と質量の保存 ●質量変化の規則性		
	第3学年	水溶液とイオン ●水溶液の電気伝導性 ●原子の成り立ちとイオン 化学変化と電池	酸・アルカリとイオン ●酸・アルカリ（中1から移行） ●中和と塩（中1から移行）		

※エネルギーと粒子の両方にまたがる内容の一部を省略してある。

　内容の関連性を見ていくと、5年生の「物の溶け方」における大まかな粒子の概念から、物質は粒子が集合して形成されること、そして原子、電子、イオンなどの構成粒子の概念へと続く。そして高等学校以上における、化学結合や化学反応のメカニズムを考えるときの基本概念としての原子の構成する素粒子に着目した粒子の概念へと続いていく。
　次に、「物の溶け方」という単元でおさえるべき内容を見ていこう。

ここでは「水溶液」と、次の5つの内容をおさえた単元の指導計画を練っていく必要がある。

> ○水溶液を冷やすと、溶けていたものを取り出すことができること（析出）
> ○加熱して水を蒸発させると、溶けていた物を取り出すことができること（蒸発乾固）
> ○物によって、水に溶ける量には違いがあること（物性）
> ○物が水に溶けても、溶けた物と水を合わせた全体の重さは変わらないこと（質量保存）
> ○一定量の水に溶ける物の量には、限度があること（溶解限度）

本実践では、物が水に溶けるという現象を追究していくために、食塩水を教材の中心に据えて学習を展開していくことにした。食塩の他にも水に溶ける物は様々あるが、日常生活で当たり前にかかわっている物であること、安全性の高いことなどを考慮したためである。そして、食塩以外のホウ酸などの溶け方についての学習は、食塩の溶け方と比較する形で単元の終末に位置付け、物の溶け方の規則性へとつなげていくこととした。また、調理の際に食塩を使用したり、クラブ活動で重曹やクエン酸などを使って飲み物を作ったりした水溶液とのかかわりを生かしながら、物が水に溶ける現象を新たな視点で科学的に追究する学びの楽しさを実感し、水溶液の性質についての見方、考え方を深めていく子どもたちの姿を期待したのである。

そこで、本実践では次の3つのことを提案したい。第一に、実感を伴う理解を促す学習展開を図ることである。混じり合った食塩と砂から食塩だけを取り出すという課題を提示し、その解決に向けたストーリー性

のある展開をめざした。

　第二に、情報交換の必要性を高める学習展開である。食塩を取り出すために役立つ食塩の性質や取り出し方の手順などについての情報交換の場を効果的に位置付けるよう努めた。

　第三に、理科学習における言語活動の充実である。そのために、画用紙を利用したパンフレット型のまとめを生かし、課題解決の流れに沿って要点を絞り込む表現物の作成を、単元の終末に取り入れた。

2　教材紹介と教材研究

(1)　砂に混じった食塩

　今回の実践では、食塩と砂を混ぜ合わせ、「食塩だけを取り出すにはどうすればよいか」を問うところから学習がスタートする。食塩と砂はどちらも身の周りによくあるものであるが、混ざってしまうと食生活においては無用の長物と化してしまう。しかし、人間はこれまでの長い歴史の中で、そのままでは何の役にもたたない物質を様々な工夫をすることで有益なものへと変化させてきた。海水から食塩を取り出す方法を考え出し、生活に生かしていることも、そのよい例である。この点から考えたとき、この「砂に混じった食塩だけを取り出す」ということは、日常生活に密接にかかわりがある課題であると言えよう。先の『「単元開発」の捉え』で述べたように、真新しいことを生み出すことがすべてではなく、中心となる教材を見直し、展開を改善していくことから、子どもの学びを考えていったのである。

(2)　なぜ食塩と砂なのか

　本単元は「粒子」に対する基本的な見方や概念を中心とした内容の中で「粒子の保存性」にかかわるもので、第6学年の「水溶液の性質」の

につながっていく。特に、内容としては「固体」が溶媒としての水に溶けた「水溶液」を取り扱う。炭酸水のように気体が溶けている水溶液については、第6学年以降で取り扱っていくことになる。

学習指導要領を見ると、扱う対象として次のようなものが望ましいことを挙げている。

○水の温度によって溶ける量の変化が大きい物と変化の小さい物
○加熱によって分解しにくく、安全性の高い物

この点を考慮し、子どもたちにとって身近なものを考えていったときに、水への溶解度が大きいものとして「砂糖」と「食塩」が挙げられる。

○いろいろな個体の水に対する溶解度

物質名＼温度	0℃	20℃	40℃	60℃	80℃	100℃
塩化ナトリウム	35.65	35.83	36.33	37.08	38.01	39.3
硝酸カリウム	13.25	31.58	63.93	109.21	168.82	244.83
ホウ酸	2.77	4.88	8.9	14.89	23.55	37.99
ミョウバン（結晶）	5.65	11.4	23.81	57.31	320.9	―
硫酸銅	14	20.2	28.7	39.9	56	77
ショ糖	179.2	203.9	238.1	287.3	362.1	485.2

（水100gに溶けるグラム数）（ポプラディア情報館理科の実験・観察物質とエネルギー編ポプラ社2007）

ショ糖はグラニュー糖、上白糖などが主に身近なものとして生活の中で使われている。水への溶解度を見ていくと、低温の水に対して大量に溶ける性質をもっている。ショ糖は、20℃の100gの水に対し、それ以上に溶けてしまう。100℃の水ともなると、1kgの袋の半分ほども溶け

てしまうのである。「粒子」に対する基本的な概念形成の入口であるこの学習で、その様子を目にした子どもたちは、水の量と溶ける量の比較に混乱することが容易に予想できる。

対して塩化ナトリウムは、水への溶解度は砂糖には及ばないものの、20℃の水100gに対して、35gほど溶ける。水の量に対して子どもが混乱しない程度に溶けるのである。また、水の温度によって溶ける量の変化が小さく、この単元で取り扱う物として適していると考えられる。

一般的に食塩と呼ばれるものは、塩化ナトリウムを主な成分として食用または化学実験、医療用など用途にしたがって精製されたものである。スーパーの陳列棚には「食塩」「精製塩」「食卓塩」など、塩という名前がついているものが数種類並んでいることが多い。教材として用いる場合は、成分表示を確認し、炭酸マグネシウム等が添加されていないものを選択する必要がある。水溶液にした場合、炭酸マグネシウムが添加されている物は白く濁ってしまう。これは、炭酸マグネシウムがもともと白色の粉末であり、水にごくわずかしか溶けないことが要因である。

もう一つ、砂についても触れておきたい。子どもたちにとって砂は、学校生活の中でかかわりの深い物である。砂場は砂遊びや体育の学習の場として大変身近なものである。また、コンクリートの原料の一部になっていたり、雪が降った際に路面凍結の防止に使われていたりすることを生活の中で知っている子どもも多い。砂という名前がついたものは多くの種類があり、ホームセンターではその用途に応じてたくさんの種類が陳列されている。その中から選択する際には安全性を考慮し、焼成・殺菌済みのものを選択したい。細粒砂、中粒砂、粗粒砂と粒子の大きさも様々であるが、今回の実践では、園芸用の焼成・殺菌済みの細粒砂を用いた。

子どもたちにとって砂は水には溶けないものである。水に全く溶けないものと、水に溶けるものとの組み合わせは、そのままでは別々に分け

ることに困難を感じる。しかし、「水」というものを媒介にすることで分けることが可能になることを予感させる。「自分たちの疑問を解決していくことで取り出せそうだぞ」という期待感を子どもたちが感じることであろう。

(3) なぜ「ストーリー性のある展開」なのか

「ストーリー性のある展開」には、次の効果が考えられる。まず第一に、個々の問題意識を高めることができる点である。理科における問題解決学習のプロセスを考えたとき、いかにして子どもの問題意識を高め、学習意欲を喚起し、確かな見通しをもたせるかが重要になる。これまでの自分自身の実践を振り返ったとき、個々の問題意識を高めるという点において、課題となる取り組みが多かった。そこで、食塩とホウ酸の水への溶け方を比較しながら観察、実験を繰り返し、そこから「物が水に溶けること」についての見方や考え方を積み上げていくという学習展開を見直してみることとした。そして「やってみよう」「調べてみよう」「何とかしよう」という子どもたちの追究意欲を高めていきたいという願いから、単元を貫く学習課題を設定し、問題解決学習の過程を繰り返す中で得た考え方を用いていく流れを意識した展開を構想した。

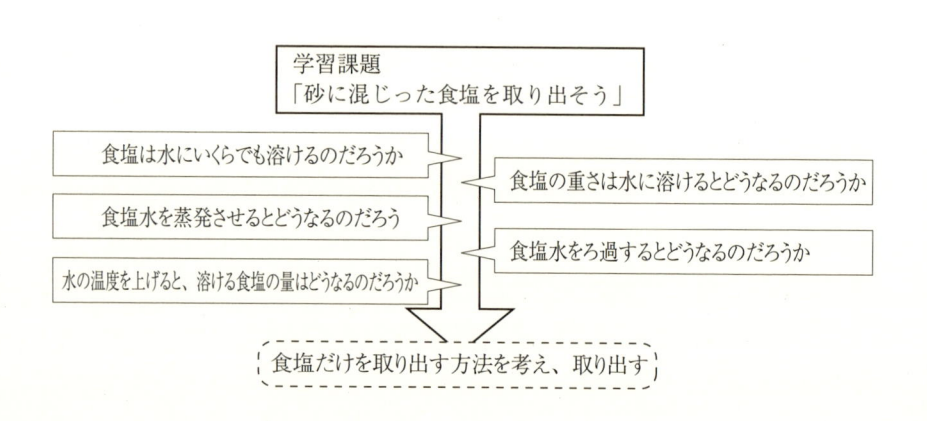

```
        学習課題
   「砂に混じった食塩を取り出そう」

食塩は水にいくらでも溶けるのだろうか      食塩の重さは水に溶けるとどうなるのだろうか
食塩水を蒸発させるとどうなるのだろう      食塩水をろ過するとどうなるのだろうか
水の温度を上げると、溶ける食塩の量はどうなるのだろうか

        食塩だけを取り出す方法を考え、取り出す
```

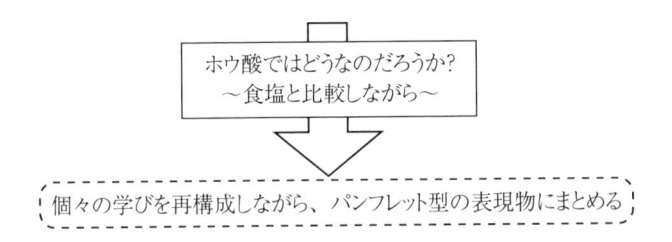

```
┌─────────────────────────┐
│ ホウ酸ではどうなのだろうか？ │
│   〜食塩と比較しながら〜   │
└─────────────────────────┘
             ▽
┌─────────────────────────────────────────┐
│ 個々の学びを再構成しながら、パンフレット型の表現物にまとめる │
└─────────────────────────────────────────┘
```

(4) 情報交換の必要性を高めるために

　問題解決の過程の中で、情報交換の重要性を特に感じているのが「結果から考察をし、結論を得る」段階である。子どもが納得をし、実感を伴った理解を得るためには、この段階での情報交換が鍵となってくる。

　そこでまず大切にしたいのが、その必要性を高めることである。整理された結果を基に子どもたちが個々に考察をし、自分なりに解釈をして誰もが納得できる説明ができたとき、初めて「科学的に解釈し、表現する力」が高まったと言える。本実践では、中心となる課題を設定し、その解決のためにグループ及び学級全体で繰り返し情報交換をする場を設定していった。

(5)「パンフレット型のまとめ」がめざすもの

　OECDのPISA調査の報告では、「科学的に解釈する力や表現する力に課題が見られる」と述べられている。つまり、科学的な文章を読んだり、図やグラフを見たりして答える問題に課題があるということである。自らの予想や仮説、実験計画を文字や図表で表現したり、考察・結論を分かりやすく文章でまとめたりということだけではなく、自らの学びをふり返り、再構成していく活動を取り入れていくことが、この課題を克服していくことにつながると考えた。

　子どもたちは観察・実験を通して推論をし、結論を得て科学的な知識をつくり上げていく。楽しみながらまとめる表現方法として取り組み始

めたこのまとめ方は、個々の学びの再構成を促し、自分なりの表現と科学的な表現を織り交ぜながら自然事象に対する見方や考え方を深めていく効果を期待して本実践でも取り組んだ。

3　単元計画

(1) 単元名
　5年生　砂の中から食塩を取り出そう

(2) 単元の目標
　①食塩が水に溶けるときのきまりを見いだし、砂に混じった食塩を取り出したり、食塩とそれ以外の物の溶け方を比較したりしながら、物の溶け方の規則性を明らかにしようとする。(自然事象への関心・意欲・態度)
　②砂に混じった食塩の取り出し方についての仮説を食塩の溶け方のきまりを生かして見直したり、食塩とそれ以外の物の溶け方を比較したりしながら、物の溶け方の規則性を考察することができる。(科学的な思考)
　③食塩の溶け方の規則性を生かしながら、手順を工夫したり、ろ紙などの道具を適切に使用したりしながら、砂に混じった食塩を取り出すことができる。(観察・実験の技能・表現)
　④物が水に溶ける量には限界があることや、質量保存にかかわること、水の温度と溶ける量の関係など、物の溶け方の規則性が分かる。(自然事象の知識・理解)

(3) 単元の構想（総時数13時間）

時	学習時間	教師の主な指導
1	①砂に混じった食塩を取り出す方法を考え、学習の見通しをもつ。	●片栗粉を水に混ぜた物と食塩水とをろ過したときの違いを提示し、水溶液の共通理解を図る。 ●単元を通して学習課題の解決を意識することができるように、一人一人に砂と食塩が混ざった資料を渡すようにする。 ●自分なりの仮説を立てることの楽しさを感じ取ることができるように、実行可能かどうかを問わず、多様な考えを引き出す。 ●課題解決の流れにそって学習で得た見方や考え方の要点をまとめられるよう、画用紙を利用したパンフレット型の表現物を用意する。
	②食塩が水に溶けるときのきまりを調べる。	●食塩が水に溶けるときのきまりを課題解決に生かせるように、それぞれのきまりを見いだすごとに仮説を見直す時間を設ける。 ●正確に水を量りとるためにはメスシリンダーを使用して量ることを知らせ、グループ内で交代で量りとるよう促して基本的な実験技能の習得ができるようにする。

2	ア 水に溶ける食塩の量を調べる。	●溶けた食塩の粒が水の中でどうなっているのかイメージしやすいよう、粒子モデル図を活用するよう促す。
3	イ 食塩が水に溶けると、食塩の重さはどうなるか調べる。	●食塩が水に溶けた際の重さは変化しないことが確実に理解できるように、複数回の実験ができるようにする。 ●子どもたちの思考を促し、理解を確実なものにするために、粒子モデル図を活用するよう助言する。
4 (本時)	ウ 食塩水を蒸発させると、溶けている食塩はどうなるか調べる。	●結果からきまりを見いだす際には自分の仮説に照らして実験結果について話し合う場を設け、丁寧にきまりを見いだすようにする。
5	エ 水の温度と食塩が溶ける量との関係を調べる。	●水の温度が変化しても、溶ける食塩の量があまりかわらないことの理解を確実なものにするために、グラフに整理した上で情報交換する場を設ける。
6 7 8	③学習課題を解決するための各自の方法を決定し、食塩を取り出す。	●各自の考えに沿った方法を試すことができるよう、方法別にグループを編成し直す。 ●個々の学びの成果を明らかにするために、これまで取り組んだことを再構成しながらパンフレット型の表現物を完成する時間を設ける。

	④食塩以外の物の溶け方を確かめ、学習全体のふり返りをする。	●食塩とホウ酸を比較しながら溶け方を比べられるように、食塩とホウ酸を同時に別々の透明アクリル管に入れて溶ける様子を観察する場を設ける。
9	ア　水に溶けるホウ酸の量を調べる。	●食塩が水に溶けるときのきまりと比較しながら調べることができるように、水の量やさじの容量、水の温度などの条件統一を確認し直す。
10	イ　ホウ酸が水に溶けると、ホウ酸の重さはどうなるか調べる。	●溶けたホウ酸の粒が水の中でどうなっているのかイメージしやすいように、粒子モデル図を活用するよう促す。
11	ウ　ホウ酸水を蒸発させると、溶けているホウ酸はどうなるか調べる。	●結果からきまりを見いだす際は、自分の仮説に照らし合わせて実験結果について話し合う場を設け、丁寧にきまりを見いだすようにする。
12	エ　水の温度とホウ酸が溶ける量との関係を調べる。	●水の温度が変化すると、溶けるホウ酸の量が大きく変化することの理解を確実なものにするために、食塩の実験で記録したグラフと比較する場を設ける。
13	⑤学習全体のふり返りをする。	●学習成果に基づいて、日常生活や自然事象を見つめることができるように、今回の学習で得られた見方や考え方と関連の深い事例を紹介する。

4 授業案と授業記録

第4時（4／13）
日　時：2008年11月28日（金）13：30～14：15
学　級：5年C組（男子15名、女子18名、計33名）（理科室）
授業者：武石康隆

（1）本時の授業案
①ねらい
　食塩水を蒸発させると食塩を取り出すことができることが分かり、砂と混じった食塩を取り出すための仮説を見直すことができる。
②展開

時間	学習活動	教師の指導
5分	①本時の課題について確認し、予想を立てる。 食塩水を蒸発させると、溶けている食塩はどうなるか調べよう。 ②実験方法を確認し、食塩水を蒸発させる。	●一人一人がそれぞれの予想をわかりやすく説明することができるように、食塩が水に溶けている様子についてのモデル図を提示する。 ●マッチやアルコールランプ等を使用する際に、安全を意識して使うことができるように使用上の注意点について確認をする。 ●析出した食塩が飛び散ることを防ぐとともに食塩の結晶の形が崩れないようにするために、完全に蒸発する
15分		

		少し前に火を消して余熱で蒸発するよう助言する。
10分	③実験の結果や気付いたことについて交流し合い、食塩水を蒸発させたときの現象を意味付ける。	●結果についての考察がしやすいように、モデル図を基に変化について考えるよう助言する。
15分	④ここまで分かったことを利用して、砂に混じった食塩を取り出す見通しを見直す。	●学習したことを単元全体の課題解決に役立てることができるように、この時点での見通しを交流させる場を設ける。 ●課題解決の見通しを具体的にもつことができるように、砂に混じった食塩を実際に取り出す場合の道具や食塩水の量などについての問いかけをする。

(2) 授業記録とコメント

①**導入でのモデル図の活用**

教師1　前の時間は、水に溶けたら食塩の重さはどうなるか、上皿てんびんを使って調べましたね。溶かす前と溶かした後で、どうだったかと言うと……。

子ども　変わらなかった！

子ども　同じだった！

教師2　そうでしたね。目には見えなくなったんだけど、食塩そのものの重さは変わらないんだったね。

教師3　この間の時間の最後に、みんなに一つ考えてもらいました。何だったか覚えているかな？

子ども　確か……。

子ども　蒸発させたら……。何だっけ。
子ども　食塩水を蒸発させたら、どうなるか。
教師4　そう。それを今日はみんなで調べていきます。今日もこれまでと同じように、授業の最後に学習課題の「砂に混じった食塩を取り出そう」を解決するために使えそうかどうか、みんなに考えてもらいます。では、今日の問題をノートに書きましょう。1分くらいでどうぞ。

> コメント1：この単元を貫く学習課題である「砂に混じった食塩を取り出そう」を子どもたちが意識し、その解決のために実験を積み重ねながら「物が水に溶ける」ということに対する概念を少しずつ形成していくことにつながると考える。

子ども　（ノートに、問題を書く。）
教師5　だいたい書き終わったみたいですね。では、みなさん、顔を上げてみんなで声に出して、今日の問題を読みたいと思います。どうぞ。
子ども　（声をそろえて）食塩水を蒸発させると、食塩はどうなるか調べよう。
子ども　（口々に）食塩がどうなるか……。
子ども　食塩だけ出てくるんじゃない？
教師6　目の前に、みんなに食塩を溶かしてもらったビーカーがあります。
子ども　（グループのテーブルの上にあるビーカーを熱心に見る。）
教師7　じゃあ、ビーカーの中の様子を、簡単に図に表してみたいと思います。（ビーカーの図を描く。）食塩水ですから、目には見えなくなっているんだけれども、全体にこんな風に広がっている

2　問題解決の楽しさと学びの価値を実感する子どもの姿をめざして

んだよね。さあ、これを蒸発させます。（ビーカーの図をもう一つ描く。）蒸発させていくと水は減っていきます。そのとき、中はこんなふうになるんじゃないかというのを図で表してくれる人はいますか？
子ども　（10人ほど手を挙げる。）
教師8　じゃあ、一番早かったKさん、黒板に書いてくれる？
子ども　（黒板に出てきて、食塩水を蒸発させていく途中のモデル図を示す。）
教師9　書いている人も顔を上げて聞いてくださいね。Kさん、説明をお願いします。
子ども　これを蒸発させても、食塩は重くて、一緒に蒸発しないで……。重いから、昇っていかないで、そのまま残ると思います。

　子どもたちの予想は、全員が食塩は残るということだった。「絶対！」「自信度は99％です！」という子どもの声も上がった。

> コメント2：水溶液は透明であり、食塩が原子レベルで水と混じり合っている状態である。この、目に見えない状態のイメージを図で表すことが、粒子の概念を形成する上で大切な手立てであると考える。本時では教師が簡単に表したものを参考にするようにして進めたが、子どもの発想を生かし、互いの見方・考え方を深めるためには、単元の中で自分なりの表現でイメージ図を描く場を設けることをお勧めしたい。

（黒板の前に子どもたちを全員集め、実験についての説明に入る。）

教師10　じゃあ、このこと（食塩水を蒸発させると、食塩が残って出てくるはず）を調べていきたいんだけど、どんな道具があればいいですか？

子ども　（口々に）アルコールランプ！　三脚！　金網！　マッチ！　食塩水！……。

教師11　今日は、もう一つ、「蒸発皿」というのも使います。これは水溶液を加熱して蒸発させるときに使うものです。で、どれくらい入れて蒸発させればいいかということなのですが……。今日は、みんな同じ量にしたいと思います。そこでこれを使いましょう。（ピペットを提示して）これ、何ていう道具だったか覚えてますか？

子ども　メペット？

子ども　ピペット、ピペット！（笑）

教師12　そうそう。ゴムの部分を押しながら、こんなふうに吸い取って……（使い方を演示しながら）。2という目盛のところまでとって蒸発皿に入れてください。

子ども　ほー。（手を動かして使い方をまねする子どももいる。）

教師13　実験をするにあたって、守って欲しいことがあります。火を使うということは、どんなことが起こりそうですか？

子ども　やけどするかもしれない。

子ども　（口々に）熱そうー。

教師14　そうですね。火を使うときには十分に注意して欲しいと思います。それと、どうなっているのかなーと顔を近付けたりしな

2 問題解決の楽しさと学びの価値を実感する子どもの姿をめざして

いでください。
子ども　（口々に）怖いー。近付けねー。
教師15　あと、もう一つ。4年生の「もののあたたまり方」の勉強を思い出してくださいね。これ（蒸発皿、三脚、金網を示して）は、熱くなりますよね。蒸発皿は青い色なのでとても涼しそうな感じがしますが、熱くなっているので、先生がそろそろ触ってもいいですよと言うまでは触らないで欲しいのです。この3つの約束を守って実験を進めてください。
子ども　はーい。（うなずく子ども）
教師16　実験のやり方で聞いておきたいことはありますか。
子ども　うーん、ありません。
子ども　大丈夫！　オッケー！
教師17　それでは、グループで協力して実験を始めましょう。

　子どもたちが教卓にある道具を各テーブルに持っていって、実験スタート。

コメント3：実験の中で用いる器具の取り扱いについては丁寧に指導したい。安全面についての指導は、少し丁寧すぎる部分もあるかと思うが、大切にしたいことの一つであると考えた。また、注意するべきことは端的にまとめて板書しておくことも大切である。また、実験で調べたいことを確かめるためにどんな道具があれば調べたいことを確かめられるのか、子どもたちから引き出しながら実験の計画を立てていくことは、計画的に実験を行う力を育てることにつながると思う。5年生・6年生では、年間指導計画との兼ね合いを考慮しつつ、子どもたちの発想で実験を進める時間を確保したい。こ

のとき、何を調べるのかという目的意識を明確にもつことで、見通しをもった実験に取り組むことができるはずである。

②実験の結果から

教師18 では、みなさんの目の前に結果が出ていますね。結果から分かることを、ノートに記録してください。で、そのときに、先ほど使った図（モデル図を指して）を使ってみてください。

子ども （ノートに、それぞれが自分の表現で書き込む。）

教師19 （数分経った後）では、みなさん顔を上げてください。どんなふうに書きましたか。

子ども （口々に）蒸発して……。水がなくなって……。

教師20 では、Yさん、紹介してください。

子ども 水が蒸発して、食塩が出てきました。

教師21 みなさん、どうですか。

子ども （口々に）同じ。

教師22 Sさん、出てきたものを見て、素直に食塩だと思いましたか？

子ども いえ……。何か……違う気が……（困っている）

教師23 みなさん、それ、本当に食塩ですか？ どうですか？

子ども 食塩だよ……。

子ども だってもともと入っていたのは……。

教師24 いや、出てきたものは食塩だ！ という人？（挙手を求める）

子ども （20人ほど手を挙げる。他の子どもは、自信がなさそう。）

子ども もともとは、食塩水だから、水がなくなったら、残るのは食塩しかないはずだからです。

教師25 どうですか？ Yさんの言

ってくれたことは？
子ども　何か……。でも、白いから……。やっぱり、食塩かな？
教師26　どうも納得いかないなぁ……。という人はいませんか？　だって、目の前にある白いもの、みなさんが知っている食塩と同じ形をしてる？
子ども　してなーい。
子ども　何か、ちょっと水分残ってるし……。
子ども　食塩水は食塩しか入っていないから、出てきたものは食塩以外無いと思います。
教師27　みなさん、食塩水って何が溶けているんですか？
子ども　（口々に）食塩。
子ども　水がなくなったら、残るのは食塩しかないです。食塩しか溶けていないから。
教師28　やっぱり、食塩しか溶けていないということを考えると、食塩が出てきたんだということに落ち着きそうですか？
子ども　（うなずいて同意する。）

コメント4：水が蒸発し、食塩が析出してきたあたりで、Sさんは、その白いものが食塩の結晶の形と違うことに違和感を感じていた。実験中に「先生、これって、ホントに食塩なのかなぁ……。」という思いを話してくれたである。実験後、子どもたちが納得をして「白く析出したもの＝食塩」という見方に落ち着くような情報交換を促すためにはどうしたらよいのか。顕微鏡で結晶を確認する場を設定するべきか。実は、大変迷った部分であった。本実践では、子どもたちのもつ「食塩水」という水溶液に対する見方を引き出しながら食塩であるという結論へと導いていったが、本当に子どもが実感を伴って理解できるような手立ての工夫が必要な部分である。

③学習課題に立ち戻る

教師29　さあ、では、ここの学習の恒例、このことを考えてみましょう。
　　　　「学習課題「砂に混じった食塩を取り出そう」を黒板に掲示」
子ども　あー。
教師30　砂と食塩が混ざってしまいました。
子ども　ははは（笑）
教師31　混ざってしまったものから食塩だけを取り出す。これが、今学習していることの大きな課題ですね。これをクリアするために、今日見付けたこと、使えそうですか？
子ども　（口々に）使えそう！
教師32　自信ある？
子ども　（口々に）自信ある！
教師33　じゃあ、みなさんは、同じようにこの蒸発皿を使って、蒸発させるんですね？さっきピペットで測り取りましたが、「2」というところまで量り取ると、2mlです。目の前にビーカーには、何ml入ってますか？
子ども　50ml。
教師34　じゃあ、こうやって量り取ってやったら、何回やるの？
子ども　2回。
教師35　2回？　ほんと？
子ども　（口々に回数や、異論を唱える）
教師36　Rさん、何回？
子ども　25回。
教師37　じゃあみなさんは、25回やるのね？
子ども　えーーー！
教師38　テーブルの上に、砂と食塩を混ぜた物を入れた袋があります。

それを水の溶かしたとしたら、どれくらいの食塩水ができそうかな？

子ども　（口々に思い思いの量を言う。）

教師39　ほんとに蒸発皿を使うのね？

子ども　蒸発皿は使わない……。

子ども　だって……！（近くの子ども同士で考えを出し合っている。）

教師40　Nさん、どうぞ。

子ども　もっと効率がいいものを使えば……。

教師41　効率がいいもの！　じゃあ、効率がいいものって言うとどんなものがある？　熱するときも、アルコールランプ？

子ども　ガスコンロ！

教師42　はい、ガスコンロねー。（と言って、テーブルの下からガスコンロを出す。）

子ども　（口々に）おー！

子ども　ほんとに出てきた（笑）

> コメント5：理科室の中での実験から、できる限り生活との結び付きを意識しながら砂に混じった食塩を取り出す活動につなげたいという思いがあった。時間的な効率や代用できる器具を生活の中から考えていくことで、事象がより身近に感じられるはずである。ちょっとした遊び心が、理科の学習の楽しさを広げてくれると考えている。

教師43　じゃあみなさんは、ガスコンロにこんなふうに蒸発皿を載せますね？

子ども　いや、それはやらなーい（笑）もっとでかいの……。あ！鍋！

教師44　はいはい、鍋ね。（小さい鍋を出す。）

子ども　ははは（笑）かわいい。
教師45　じゃあ、これがあればいけそうですか？
子ども　うん。いけそう。
教師46　自分でこういうふうにやれば取り出せるぞって考えたものができましたね？では、実際にやることを考えて、ノートに書いてください。
子ども　（ノートに書き始める。グループの中で相談しているところもある。）
教師47　書きながら聞いてください。こういう順番で、ということが頭の中で整理できている人は、順番も考えて書いてみてください。
（5分ほど、考えを整理して記入する時間をとる。）
教師48　みなさんの様子を見ていると、こうすれば取り出せる！という方法がまとまっている人と、困ったなぁとなっている人と両方いるようです。次回、もう一つ実験をします。
子ども　いえーい。
教師49　それは、水の温度を変えてみたら溶ける量はどうなるか？ということです。今日、食塩だけを取り出す方法を考えていて困ったなぁという人は、もう一度考える時間を取りますので安心してください。その後、いよいよ実際にみなさんが考えた方法で食塩だけを取り出していきますよ。では、今日はここで終わりましょう。

2 問題解決の楽しさと学びの価値を実感する子どもの姿をめざして

【最終板書】

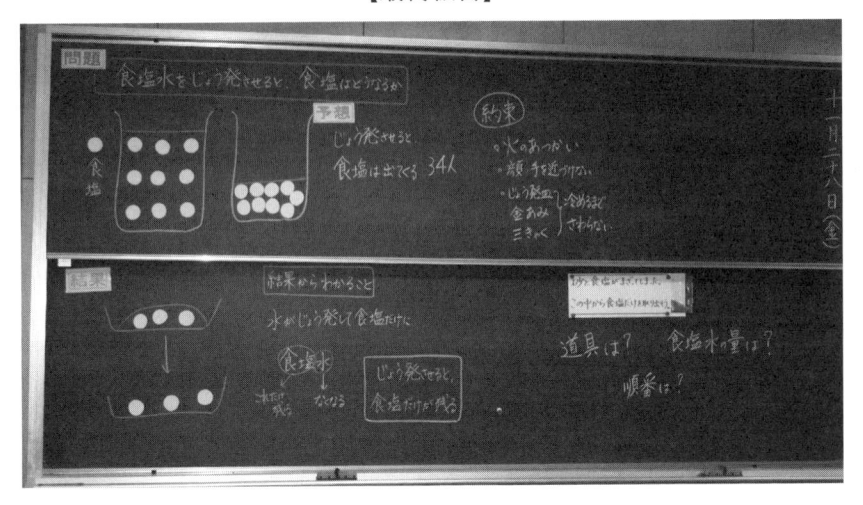

5 成果と今後の研究課題

　この学習での第一の成果は、初めに子どもたちに提示した、砂と食塩を混ぜ合わせるという事象との出会いが一人一人の追究意欲を高め、主体的な問題解決につながったということである。

　第二の成果は、グループや学級全体での情報交換の場を意図的に設定したことで、学習課題を解決するための見通しが明確になっていったということである。「食塩が水に溶ける」ということに対する疑問を解決していく中で砂に混じった食塩を取り出すための方法をグループや学級全体で検討し合い、そこから得た情報を基に最終的にすべてのグループが取り出すことができた。子どもたちにとっては、学びの価値を実感できた瞬間であったはずである。平成21年度からは、研究の重点として、「見通しを確かにしたり、考察を充実させたりするためのかかわり合いの位置付け」を掲げ、実践に取り組んでいるところである。

一方、課題として挙げられることも2つある。本時では、食塩水のモデル図を教師側の準備した食塩のモデルを基に、水が蒸発したらどうなるかという部分について考える場を設けた。ここでは、目に見えなくなっている状態のモデル図を個々の表現の仕方で描き、その図を基にグループ内、学級全体で情報交換をする場を設けていくことで、子どものもつ水溶液についてのイメージを高めていくことができたはずである。
　もう一つは、単元を貫く学習課題について、その解決策を考える場面でもっと子どもたちの考えを出し合って情報交換するために、教師の関わり方に工夫が必要であったことである。予想を立てたり、考察をしたりする段階での情報交換の場を大切にしながら、かかわり合う場を設定していきたい。また、子どものちょっとしたつぶやきをとりあげることが、子ども同士の情報交換を活発化させ、見通しを確かにしたり、見方・考え方を深めたりすることにつながることも多い。いかに教師が的確に判断をし、拾い上げていくかが子どもの確かな学びにつながっていくはずである。
　今回の実践を行うにあたり、その授業づくりの構成要素を整理したものを作成し、教材研究にあたった。以下に示す内容を検討しながらの実践であったが、取り入れきれなかった部分もある。参考にしていただければ幸いである。

6　授業づくりの構成要素

　授業を構築していく上で考えておくべきことは、単元の内容構成以外にも多岐にわたっている。そこで、単元計画を作り上げる際に「授業づくりの構成要素」として、教科のもつ特質や指導要領で求めている育てるべき力、単元の内容構成、言語活動の充実を図る手立てなどについてピックアップしてみたものが以下の①～⑪である。単元の指導計画や毎

時間の授業を考えていく際に各項目をチェックし、取り入れられそうなものについては取り入れながら授業づくりをしていくことで、より一層指導の充実を図ることができると考えている。

①豊かなかかわり合い（子ども同士）
- 学級の中のグループや学級全体での話し合いの中で、観察・実験の結果を整理し考察する学習活動や、科学的な言葉や概念を使用して考えたり説明したりするなどの学習活動が繰り返されることにより、考察が充実し深まっていくように指導すること。
- 問題解決に対する見通しを明確に意識させるとともに、多様な学習形態を取り入れ児童相互の情報交換も適宜行い、児童自らが問題解決を行うことができる状況をつくること。

②思考力・判断力・表現力（＝読解力）
- 基礎的・基本的な知識・技能の修得
- 知識・技能の活用思考力・判断力・表現力等の育成
  （例）観察・実験、レポートの作成、論述など知識・技能の活用を図る学習活動
  記録、要約、説明、論述といった学習活動
- 科学的な見方や考え方を養う（実証性、再現性、客観性）

③言語活動の充実
- 観察・実験の結果を整理し考察し表現する学習活動の重視（自らの観察記録や実験データを表やグラフに整理し、予想や仮説と関係付けながら考察を言語化し、表現すること）
- 科学的な言葉や概念を使用して考えたり説明したりするなどの学習活動

④児童の学びの特性
- 状況に入る学び（観察）→実際の時間、空間の中で具体的な自然の存在や変化を捉えること
- 状況をつくる学び（実験）→人為的に整えられた条件下で、装置を用いるなどしながら、自然の存在や変化を捉えること

⑤実感を伴った理解
- 具体的な体験を通して形づくられる理解（自然に対する興味・関心）
- 主体的な問題解決を通して得られる理解（知識や技能の確実な習得）
- 実際の自然や生活との関係への認識を含む理解（理科を学ぶことの意義や有用性の実感）

⑥日常生活との関連
- 実社会・実生活との関連の重視
- 「自然の事物・現象とのかかわり」「科学的な関わり」「生活とのかかわり」諸感覚を通して

⑦問題解決の流れに沿った指導のポイント
- 自然に接する関心や意欲
  * これまでにもっていた見方や考え方では説明がつかない事物・現象を提示するなど主体的に問題を見いだす活動
  * 問題を見いだす状況を作る工夫
- 見通し（目的意識）をもった観察・実験
  問題解決の能力や態度

- ●結果を整理し、考察、表現する活動
- ●実感を伴った理解

⑧関連・連携・協力
- ●生活科との関連（ものづくりなどの科学的な体験）（身近な自然を対象とした自然体験の充実）
- ●中学校との接続
- ●小・中・高等学校を通じた理科の内容の構造化
- ●大学や研究機関、企業など

⑨関心・意欲・態度
- ●知的好奇心や探究心・科学的に調べる能力や態度・学習意欲の向上や学習習慣の確立

⑩豊かな心（理科における道徳教育）
- ●栽培や飼育などの体験活動を通して自然を愛する心情を育てること
 →生命を尊重し、自然環境を守ろうとする態度の育成
- ●見通しをもって観察、実験を行うことや、問題解決の能力を育て、科学的な見方や考え方を養うこと
 →道徳的判断力や真理を大切にしようとする態度の育成

⑪その他
- ●結論を出すための情報交換の在り方
- ●じっくりと観察する場の設定
- ●様々な気付きから問題の形成へ
- ●結論を無理強いしないことの大切さ
- ●仮説へのこだわり

- 適度な情報量
- 条件制御
- 科学的な認識の定着
- 探究的な学習活動
- 持続可能な社会の構築＝環境教育の充実
- 理科を学ぶことの意義や有用性を実感する機会

引用文献
(1) 横山　正／監修『理科の実験・観察　物質とエネルギー編』ポプラ社 2007年

参考文献
(1) 日置光久、矢野英明編著『理科でどんな「力」が育つか―わかりやすい問題解決論』東洋館出版社 2007年
(2) 森本信也編著『考え・表現する子どもを育む理科授業』東洋館出版社 2007年

〈秋田大学教員による授業解説〉
キーワードの重要性
―― 子どもたちの自然を見る眼をいかに拓くか ――

藤田　静作
(秋田大学)

1　教科における言語の力

　人間は、生得的に他者とのコミニュケーションに必要な言語獲得能力をもってこの世に誕生する。言語を獲得することによって初めて人間らしい生活ができるようになるといってよい。その端的な例がヘレン・ケラーである。三重苦というハンディを背負いながらも社会的に大きな足跡を残した人である。[1]

　彼女の場合、家庭教師のサリバンの献身的な教育のお陰もあり、他者と交わり、関わり合う手段であるコトバを獲得する。そのシーンは感動的である。それ故、幾度となく、舞台や映画（「奇跡の人」）等によってドラマ化されてきた。それはある日のことである。庭でサリバンがヘレンの手をとり、水道の水を彼女の手に流しながら、w―a―t―e―rと手の平に綴った瞬間、ヘレンの頭脳に"すべての物には名前がある"という啓示にも似たインスピレーションが走る。そのことに気付いたヘレンは、急いで子ども部屋に走り、サリバンに次々と人形等の愛用していたものを示し、その物の名前を綴ってみるようにせがむのであった。その後はスポンジに水が吸収されるように次々と言語を獲得していく。このように本質的認識（ここでは、それをキーワードあるいはカテゴリーと呼ぶ）が一旦、子どもたちに成立すると、関連する情報が自動的に子どものメモリーに飛び込んでくる。よくどの学級にも"○○博士"と称される子どもがいるものである。彼らは、何らかの出来事を契機として、ある事象や事物に興味や関心を抱くと、すなわち眼が拓かれると、スポンジが水を吸収するが如く知識や関連する情報を吸収・集積し、所

謂物知り博士になっていくのである。私が常日頃、学生に言っていることは、"何らかの課題意識や問題意識があれば、関連する情報が自分の周辺から飛び込んでくる"ということである。例えば、新聞等の活字の海の中からでも、関心をもっている情報は浮かび上がってくる。これを認知科学の分野では「選択的注意」と言う。雑踏の中でも恋人が直ちに眼に飛び込んでくるのと似ている。

2　本質的な認識の成立が子どもたちの自然を見る見方を育む

今回の公開研究協議会で提案された武石、髙橋両先生の実践に共通していることは、前者は植物を事例に、後者は人体を事例に、構造・形態（造り）と機能（働き）とが密接に関係していること（本質的認識）を「実感を伴って」認識させることを意図してことである。さらに述べるならば、髙橋実践は「人体の関節が動く仕組み」を鶏の毛羽先という生の実物を用いて感動的に認識させ、しかも生の現象は複雑ということを考慮してデジタル教材まで動員して、ブラック・ボックスである関節が動く"仕組み"を視聴させるとともに、班毎にその"仕組み"をホワイトボードに文章化させることに挑戦させている。この仕組みというカテゴリーは自然科学の分野にあっては因果律と同じくらい重要なカテゴリーである。"どんなものでも動くモノには仕組みがある"という認識を自家薬籠中にした子どもたちは、生物であれば解剖して、その仕組みを探ろうとし、機械であればそのメカニズムを知りたくて分解を始める。こうした行為はいずれも科学的思考に必要な分析的思考が発動している場面なのである。

わが国の理科教育の目標は、一人一人の子どもたちが、一人立ちして、自然界の事物や現象を探っていける子どもたちの育成であった。その象徴的成果は、今や夏季休業中に子どもたちを苦しめている所謂"自由研

究"である。[2] 昭和22年に告示された学習指導要領にも盛り込まれていた「自由研究」は、今日達成・定着しているとは言い難い状況下にある。こうした自由研究を子どもたちが楽しむことができる文化（カルチャー）を醸成させていくこと。そして、日々の理科授業において本質的な認識を感動的な体験を随伴させながら実感させていくことが求められている。さらに言えば、この文化（カルチャー）は科学することが楽しいという体験を基盤として醸成されるものである。それが、恒常化・日常化すれば子どもたちの世界に新しい文化（カルチャー）が醸成されてくる可能性が生まれてくる。すなわち、"子どもの科学"や子どもたちの"科学の学会"の誕生である。つまり、それはテレビゲームを凌駕し新しい子ども文化（カルチャー）に発展し普及していく可能性を秘めている。それを開花させるには勿論多大な努力と有能な教師達の力を必要とすることはいうまでもない。

筆者が西ドイツを一人旅したとき、流石にベートベンやワグナーといった大音楽家を生んだ国だなと思う風景に出合った。ある田舎町を訪れたとき、夕方人々が教会に足を運んでクラシックの演奏会を楽しんでいたのであった。筆者は例えば駅前や公民館のような所で市民や子どもたちが自由研究のプレゼンテーションを楽しむような場が生まれることを強く願っている。買い物帰りの市民達がちょっと立ち寄って見物するような光景を夢見ながら、現在、そうした子どもたちを育成できるような教員の育成を志向して日々、授業を実施している。[3]

では、そのようなカルチャーはどのようにしたら達成できるのだろうか。それは"地域起こし"と連動した子ども文化の新たな創造という筆者の遠大な構想と深くかかわる。今回の武石先生と髙橋先生の提案授業に共通したテーマ「学ぶことが楽しいという子どもたちの思いを育みたい」（髙橋論文の冒頭）そして「問題解決の楽しさと学びの価値を実感する子どもの姿をめざして」（武石論文のテーマ）、いずれも新しい文化

（カルチャー）の創造につながるものと言える。

3 現象の説明を論述させることは論理的思考を鍛える

　さて、髙橋先生は関節が動く仕組みについて、各班にホワイトボードに文章で論述するよう指示をし、各班毎に班のホワイトボードを黒板に掲示して学級全体で比較させていく。そして文章を練り上げる作業を行わせていた。この作業を通じて、子どもたちは、正確な論理的思考と説明文を書く能力を向上させている。今回のDECDのPISAテストでわが国の子どもたちが選択問題では高得点をとっても、論述問題ではほとんど解答できていないことが指摘されたことは記憶に新しい。授業検討会の席上、筆者は大学生でも現象を論理的に説明することは難しいと述べた。ある講義の中で受講者全員に馴染みのある「アンモニアの噴水実験」が起こる仕組みについて説明せよという課題を出した。スポイトでフラスコ内に水を入れると、アンモニアは多量にこの水に溶けて、その結果、フラスコ内が"減圧"されることにより、水槽内の水が減圧されたフラスコ内に吸い上げられ噴水となる。その水に溶けたアンモニアがNH^+とOH^-（水酸化物イオン）によりアルカリ性を示し、フェノールフタレンにより赤色変化するという記述になると、ほとんど記載されてはいないことが分かった。

　誰もがなんとなく分かったつもりになっていただけで、現象を論理的に説明するというのは実は難しい。PISAテストの結果で顕在化したように我が国の理科教育界の盲点でもある。ここに実験さえすれば理解させやすいという観念の陥穽が潜んでおり、改めて、今回の授業のようにホワイトボードなどで現象に関してそれを論理的に説明・論述させる課題に取り組ませることの重要性は高まっている。

　ところで髙橋実践には、もう一つ今日的課題に応えるデザインが授業

の中に組み込まれている。それは、上述した OECD の PISA テストにおいて明らかになった科学と日常生活との関連性の希薄さの解消という課題とかかわる。すなわち、蝶番やマジック・ハンド、そしてロボットにまで触れ、関節との同型性に気付かせながら一般化を図っている点である。「もし関節がなかったら」という問いを発し、腕を段ボールで固定させ関節の機能を停止させながら、その機能を体感を伴いつつ理解理解させている。

　このように、この授業には様々な仕掛けが組み込まれている。その仕掛けが子どもたちの様々な能力を発達させることにつながっていることが予想される。こうした仕掛けの中で圧巻だったのは、関節の仕組みを分かりやすく説明したデジタル教材を利用しつつも、ただそのまま利用するのではなく、授業で実際に使用する際には、音声を流さずに映像だけの情報のみを与えて、実際の仕組みの説明を班毎にホワイトボードに文章で書かせる指導である。論理的に説明させる課題に挑戦させているのである。映像や実験だけだと、なんとなく分かったような気になるが、正確に文章化する練習を積み重ねることにより正確かつ論理的な思考力が身に付き伸長するのである。他の班のホワイトボードと比較・対照することにより、子どもたちの自己評価能力も伸長させることもできる。これが、まさに教室内での切磋琢磨なのである。

　さて、授業において、授業者がめざすのは、第一に、その授業（あるいは単元）を通じて、どのような認識を一人一人の子どもたちに成立させるかということである。第二は、その授業が子どもたちにとって、どの程度満足のいく達成感や効力感を得させるものになるかということである。

　第一の点に関しては、昭和40年代の教育内容の現代化の際に強調されたことであり繰り返さないが、当時、理論的な方向付けを与えたアメリカの認知心理学者であったJ. S. ブルーナーの言葉を借りれば、教科

の基本的観念（ここでは分かりやすいようにキーワードやカテゴリーと言い換える）を獲得することで、ただ一般的原理を習得するというだけではなく、学習と研究のための態度、自分自身で問題を解決する可能性に向かう態度などを発達させることができるようになってくるということである。[4] 言い換えれば、自然現象には原因と要因があるという認識をもっていれば、子どもたちは、ある現象に出合った場合、自分でこの要因を探るという構え（すなわち態度）を獲得でき、科学者のように考え振る舞うことができるようになるのである。また、このような態度を身に付けさせるためには、子ども自らが一般的観念を発見し、その過程で知的興奮を味わうことが必要であるともブルーナーは述べている。[5]

　"生きる力"の育成が標榜されている折、主体的にコミュニケーションできるという能力は"生きる力"を構成する最大の要素と思う。何故ならば、人間はコトバの働きによって互いに理解・共感し合うからである。今日、他者と関われない子どもたちが増加しているという。授業の中だけで子どもたち一人一人が関わり合いながら思考やイメージを練り上げたり、深化・拡大させたりすることは難しい。その意味では、日頃からどの子どもも、班での話し合いの場で深くかかわっていくことができるよう訓練しておくことも必要である。

　さて、今回、当校の研究主題「かかわり合いが育む豊かな学び」に対して、武石、髙橋の両先生は、共にこの関わりをもたせ交流させる物的装置として、ホワイトボードを用いて効果を高めていた。武石先生の場合は、植物の茎の内部構造に関するイメージを想像させ、ホワイトボードにそのイメージ図を描かせ、そのホワイトボードを黒板に貼り付け学級全員に示し、イメージの交換・交流を行いながら学習を深化させていた。髙橋先生の場合は、「関節が動く仕組み」をホワイトボードに説明文で記述させ、その文が記述されたホワイトボードを黒板に貼り付け、比較させながら相互に評価させていた。このように意見、イメージ、文

章等々を媒介させながら交流させると"かかわり"ということが抽象的なものでなく、より具体的な次元で生まれる。それにより子ども間での情報交換や共感・交流が生まれ、学習の拡大・深化、いわゆる"豊かな学び"につながっていく。

4　学ぶ価値の発見と学びの楽しさの実感の重要性

わが国の子どもたちは、これまで実施された国際的な調査によれば、学力は常に上位に位置しながらも、「理科の勉強は楽しいか」「理科はたいくつか」「理科は生活の中で大切であるか」「将来、科学を使う仕事がしたいか」といった情意的評価の面では、どの項目でもネガテイブな数値が国際的平均値よりも高い。所謂"理科離れ"を改めて裏付ける結果となっている。[6] またこれは理科に留まらない、学習行為そのものを拒否する子どもたち、すなわち、学習から逃避する子どもたちが広がりを見せている。[7]

このような現状にあるわが国の理科教育界にあって、いかにして、子どもたちに学ぶ楽しさや価値を実感させるかは喫緊の課題といってよい。つまり、"学ぶ"という行為が苦行ではなくて"快楽"であるという方向にベクトルの向きを転換させることが現在強く求められている。[8]

そうした背景を踏まえて実践された今回の「実感を伴った理解を促すことを楽しむ授業づくり」そして「問題解決の楽しさと学びの価値を実感する子どもの姿をめざして」の二つの授業は、ともに"快楽"に向かっての大きな一歩と言える。

髙橋先生の場合、そのテーマを達成するための"仕掛け"を工夫することが先生自身の楽しみになっている。そこは、教員養成に当たっている者の一人として、学生達に語り継ぎたい言葉でもある。これこそ、最近流行の"授業デザイン"の真髄であると筆者は思う。教師が日々授業

改善に努めるエネルギーの源泉・原点でもある。

　武石先生の授業の見所は、小学校5学年理科では伝統的な教材である「ものの熔けかた」という単元の扱いについて、定番の「食塩の溶ける量には限度がある」という従来の目標を敢えて変更して、食塩と砂との混合物から食塩を取り出してみようという学習課題を与えていることである。食塩が水に溶けることを利用して「ろ過」という技法を習熟させることにより、その「ろ過」という知識の価値を体験的に実感させようという、授業者の意図が反映されているのである。(9)知識は使ってみて、初めてその価値や意義が分かるという考え方は、古くはアメリカの伝統的な哲学であるプラグマテイズム（道具主義）、例えばJ.デューイ等の主張と軌を同じくするものである。

　「ろ過」という方法に気付かない班はピンセットで食塩を一粒一粒、砂の中から拾い集めることにより、両者をえり分けるという方法を実行していた。それだけに「ろ過」という方法の利便性が強く印象に残ったのである。子どもたちがコンピューターゲームで、ゲームの攻略本や裏ワザの入手に夢中になるのも、役に立つ情報を欲しているのであり、これと同じ心理であろう。

　授業者も、子どもたちと同じ目線に立って、別のレシピで挑戦してみようという心意気が、例の食塩と砂の混合物の分離を通じて「ろ過」という技能の意義・価値に気付かせようという授業構想を生んだのである。

　子どもたちはグループ内でお互いに両者を分離させるアイデイアを出し合い検討を重ねた。そして学級全体で、お互いの班の考えを評価しあった。残念ながら筆者が拝見できたのは、各班が自分達の構想を実験する場面だけであり、肝心の話し合いや評価し合いの場面は拝見することができなかった。提案された様々な方法の中から、「どの方法が最もよい方法ですか」という問いかけと子どもたちによる取捨選択はなされているはずである。この方法の評価も科学においては重要な要素である。

これまで学習行為は"苦行"というイメージが強かった。これを"快楽"にまで転換させることは容易な作業ではない。教師にとっても、見果てぬ夢なのかも知れない。元来"学ぶ"は"まねぶ"からきており、弟子が師匠のもつワザを見習ったり、盗んだりして修行するということに発する。芸事や武道の世界で使用される"道"は、稽古を積み、修行に励みながら自己研鑽に努めるという語感があり、遊びや楽しみとは無縁な意味合いを帯びていた。しかし、本来学ぶことは子どもたちが新しい世界に分け入ることであり、それ自体ワクワクする行為である。そのことを、どのような授業実践をすれば、また、どのように授業をデザインすれば実現できるのか。それが今、求められている喫緊の研究及び実践課題と言えよう。武石実践はこうした課題への一つの挑戦事例である。
　"理科離れ"は厳密に言うと、物理履修者の減少を意味することであるが、私立高校の物理担当教師にとっては履修者減少はわが身のリストラに直結する死活問題であり、それ故首都圏における私立高校の物理担当教師が、それを"理科離れ現象"と呼んで社会問題化したものである。しかも、それは物理教師達の生活の次元に留まらない。資源のない我が国が公害等の環境問題等を発生させつつも経済成長を持続できたのは、優れた科学技術力の恩恵による所が大きいことは何人も否定できない。所謂"テクノ立国"は国是であり、その基盤である科学技術力の育成は、子どもたちの生きる力の育成と並んで重要な教育目標であり続けてきたと言ってよい。その意味でもいかに理科授業に興味をもたせるか、その方策・方略の追求は喫緊の課題である。
　従って、武石先生の「問題解決の楽しさと学びの価値を実感する子どもたち」の育成は時宣に適ったテーマと言えよう。

5　おわりに

　理科部の先生方に希望を提案したい。私は、これまで、県内外の幾つかの理科の授業を見る機会があったが、それらの授業と比較しても附属小学校の授業力量水準は高い。今後、理科授業をその一部とし、自由研究やクラブ活動、あるいは社会教育活動（環境教育、エネルギー教育……）等々を含む広義な科学教育全体の展開を展望した戦略をたてて、その一部の要素として授業を位置付けるような大胆な取り組みを強く期待したい。そのためのアイデア、方略を学部の理科関係の教員と一緒に考え合い、研究を深めていく挑戦課題に取り組んでいってほしい。

注
(1) H. ケラー（岩崎武夫訳）『わたしの生涯』角川書店 1963 年
(2) この「自由研究」は戦後初めて公示された『学習指導要領（試案）』(1947 年) では「時事問題」と並んで学校の教育課程の中に明確に位置付けられていた。
(3) 藤田静作「生活の中の科学教育」日本理科教育学会『理科の教育』1995 年 10 月号　657-659 頁
(4) J.S. ブルーナー（佐藤三郎・鈴木祥蔵訳）『教育の過程』岩波書店 1963 年、21-41 頁
(5) 同上書、27 頁
(6) 藤田静作「我が国の科学教育の問題と課題—二つの国際的な調査結果を基にして」山口満編著『現代カリキュラム研究』学事出版 1985 年、152-164 頁
(7) 佐藤　学『学びの快楽—ダイアログへ』世織書房 1999 年
(8) 田口瑞穂・藤田静作「子どもたちの感性を耕す理科授業の実践—"センス・オブ・ワンダー"の喚起を志向して—」秋田大学教育文化学部編『研究紀要—　』第 65 集（2010 年）には、子どもたちを自然界の事物・事象に関心・興味をもたせる様々な手法について例示してある。

(9) この挑戦課題は構成主義的な学習論では"challenging situation"として子どもたちの保有する概念を転換させるための授業の中で重要な位置を占めている。
(10) 藤田省三『精神的考察』平凡社　2003年（初出は1982年）

理科の資質・能力表

注　□は、資質・能力の取り扱い学年、■は、定着学年を示す。

		内容	学習指導要領との関連内容	3年	4年	5年	6年
ア 自然事象への関心・意欲・態度	1	身近な自然事象を差異点や共通点という視点から比較しながら、問題を見いだす。	3AB	□	■	■	■
	2	自然事象の変化とその要因とを関係付けながら、問題を見いだす。	4AB		□	■	■
	3	条件に目を向けたり、量的変化や時間的変化に着目したりして、問題を見いだす。	5AB			□	■
	4	自然事象の変化や働きをその要因や規則性、相互関係を推論しながら、問題を見いだす。	6AB				□
	5	栽培や飼育などの体験活動を通して生命の神秘さや巧みさを感じ取り、自然環境を大切にし、生命を尊重しようとする。	全般	□	■	■	■
	6	見通しをもつことの大切さや科学的な見方や考え方のよさを実感し、道徳的判断力や真理を大切にしようとする。	全般	□	■	■	■
	7	自然事象の性質や働き、規則性などが実際の自然の中で成り立っていることに気付いたり、生活の中で役立てられていることを確かめたりしようとする。	全般	□	■	■	■
イ 科学的な思考	1	表やグラフなどを活用しながら、科学的な言葉や概念を使用して説明したりする。	全般	□	■	■	■
	2	自然事象の差異点や共通点を捉える。	3AB	□	■	■	■
	3	自然事象の変化とその要因とを関係付けて捉える。	4AB		□	■	■
	4	変化させる要因と変化させない要因を区別し、観察・実験の目的に応じて条件を制御する。	5AB			□	■
	5	自然事象の変化や働きを、その要因や規則性、相互関係を推論しながら捉える。	6AB				■
ウ 観察・実験の技能・表現	1	器具などの使用方法を正しく理解し、適切に使用する。					
	a	てんびんや自動上皿はかりを使って、物の重さを量る。	3A(1)	□	■	■	■
	b	平面鏡で日光を反射させたり、虫眼鏡で日光を集めたりする。	3A(3)	□	■	■	■
	c	乾電池、導線、豆電球を基に回路を作る。	3A(5)	□	■	■	■
	d	虫眼鏡や携帯型の顕微鏡などを使って観察する。	3B(1)(2)	□	■	■	■
	e	温度計を使って、空気、土、水の温度を測定する。	3B(3)	□	■	■	■
	f	方位磁針を用いて方位を調べる。	3B(3)	□	■	■	■
	g	遮光板を用いて太陽を安全に観察する。	3B(3)	□	■	■	■

ウ 観察・実験の技能・表現	1	h	マッチを正しく扱う。	4A(2)		□	■	■
		i	アルコールランプやガスバーナーなどを使って、物を温める。	4A(2)		□	■	■
		j	簡易検流計を使って、電流の強さや向きを調べる。	4A(3)		□	■	■
		k	光電池を使ってモーターを回したり、ブザーを鳴らしたり、発光ダイオードを点灯させたりする。	4A(3)		□	■	■
		l	百葉箱などを利用し、気温を定点観測する。	4B(3)		□	■	■
		m	星座早見を使って星空を調べる。	4B(4)		□	■	
		n	上皿てんびんや上皿はかりなどを使って、物の重さを量る。	5A(1)			□	■
		o	メスシリンダーを使って、液量を量る。	5A(1)			□	■
		p	ろ紙やろうとを使ってろ過する。	5A(1)			□	■
		q	蒸発皿を使って水溶液を加熱する。	5A(1)			□	■
		r	電流計を用い、電流の強さや向きを調べる。	5A(3)			□	■
		s	ヨウ素液を用いて、デンプンを検出する。	5B(1)			□	■
		t	解剖顕微鏡や実体顕微鏡を使って小さな物を観察する。	5B(1)(2)			□	■
		u	天気図などの気象情報から、必要なことを読み取る。	5B(4)			□	■
		v	石灰水を用いて、二酸化炭素を検出する。	6A(1)(2) 6B(1)(2)				■
		w	気体検知管を用いて、二酸化炭素や酸素を検出する。	6A(1)、6B(1)(3)				■
		x	リトマス紙などを使って、水溶液の性質を調べる。	6A(2)				■
		y	塩酸や水酸化ナトリウムなどの水溶液の危険性や扱い方を理解し、安全に使用する。	6A(2)				■
		z	使用した水溶液の廃液を、環境に配慮して適切に処理する。	6A(2)				■
	2		問題解決に適した方法を工夫し、装置を組み立てたり使ったりして観察・実験やものづくりを行う。	3A、4A、5A、6A		□	■	■
	3		観察・実験の過程や結果を的確に記録し、観察記録や実験データを表に整理したりグラフに処理したりする。	全般		□	■	■
	4		図書資料、映像資料、標本、模型、インターネット、新聞などを活用したり、地域の人々や施設とかかわったりして、目的に応じた情報を収集する。	全般		□	■	■
	5		観察・実験などに使用した材料や道具、資料などを適切に片付ける。	全般		□	■	■
	6		事故防止に心掛けて観察・実験を進める。	全般		□	■	■
エ 自然事象についての知識・理解	1		物は、形が変わっても重さは変わらないことや、体積が同じでも重さが違う物があることが分かる。	3A(1)アイ	■			
	2		風やゴムの働きで物を動かすことができることが分かる。	3A(2)アイ	■			
	3		光の進み方や物に光が当たったときの明るさや暖かさには、きまった性質があることが分かる。	3A(3)アイ	■			
	4		磁石に引き付けられる物と引き付けられない物があること、磁石に引き付けられると磁石になる物があること、異極は引き合い同極は退け合うことが分かる。	3A(4)アイ	■			

	No.	内容	区分	3年	4年	5年	6年
エ 自然事象についての知識・理解	5	電気を通すつなぎ方と通さないつなぎ方があることや、電気を通す物と通さない物があることが分かる。	3A(5)アイ	■			
	6	昆虫や植物の成長や体のつくりには、きまりがあることが分かる。	3B(1)アイ	■			
	7	生物は、色、形、大きさなどの姿が違うこと、その周辺の環境とかかわって生きていることが分かる。	3B(2)アイ	■			
	8	太陽の動きと日陰の位置の変化や地面の様子には関係があることが分かる。	3B(3)アイ	■			
	9	閉じこめた空気や水の体積の変化や圧し返す力の変化にはきまりがあることが分かる。	4A(1)アイ		■		
	10	温めたり冷やしたりした金属、水、空気の体積の変化や熱の伝わり方のきまり、温度による水の状態変化が分かる。	4A(2)アイウ		■		
	11	乾電池や光電池の働きには、つなぎ方によってきまった性質があることが分かる。	4A(3)アイ		■		
	12	人の体には骨と筋肉があること、それらの働きによって人は体を動かすことができることが分かる。	4B(1)アイ		■		
	13	動物の活動や植物の成長の仕方は、暖かい季節、寒い季節によって違いがあることが分かる。	4B(2)アイ		■		
	14	天気による1日の気温変化の特徴が分かる。	4B(3)ア		■		
	15	水は、水面や地面などから蒸発し、水蒸気になって空気中に含まれていること、空気中の水蒸気は結露して再び水になって現れる場合があることが分かる。	4B(3)イ		■		
	16	月の位置と星の明るさや色及び位置は変化していることが分かる。	4B(4)アイウ		■		
	17	物が水に溶ける量、水の温度や量による物の溶け方の違い、溶ける前後の重さなど、物の溶け方の規則性が分かる。	5A(1)アイウ			■	
	18	糸につるしたおもりが1往復する時間は、おもりの重さなどによっては変わらないが糸の長さによって変わることが分かる。	5A(2)ア			■	
	19	電流には磁力を発生させる働きがあること、電磁石の強さは、電流の強さや導線の巻き数によって変わることなど、電流の働きの特徴が分かる。	5A(3)アイ			■	
	20	植物の発芽、成長及び結実には、水、空気及び温度などの条件が関係していることが分かる。	5B(1)アイウ			■	
	21	花にはおしべやめしべなどがあり、花粉がめしべの先に付くとめしべのもとが実になり、実の中に種子ができることが分かる。	5B(1)エ			■	
	22	魚や人の誕生について、魚の卵は日がたつにつれて変化してかえることや人は母体内で成長して生まれてくることが分かる。	5B(2)アウ			■	
	23	魚は、水中の小さな生物を食べ物にして生きていることが分かる。	5B(2)イ			■	
	24	流れる水の働きと土地の変化の関係が分かる。	5B(3)アイウ			■	

分類	No.	内容	対応			
エ 自然事象についての知識・理解	25	雲の量や動きは天気の変化と関係があること、天気の変化は映像などの気象情報を用いて予想できることが分かる。	5B(4)アイ		■	
	26	植物体が燃えるときには空気に含まれる酸素の一部が使われ二酸化炭素ができることが分かる。	6A(1)ア			■
	27	水溶液には酸性、中性、アルカリ性のもの、気体が溶けているもの、金属を変化させるものがあることが分かる。	6A(2)アイウ			■
	28	力を加える位置や力の大きさなどにかかわるてこの仕組みや働きや、それらの規則性を利用した道具が身の回りにたくさんあることが分かる。	6A(3)アイウ			■
	29	電気は、つくりだしたり蓄えたり、光、熱、音などに変えることができることや、それらの性質や働きを利用した道具が身の回りにたくさんあることが分かる。	6A(4)アイウエ			■
	30	人や他の動物の体のつくりと呼吸、消化、排出及び循環の働き、生命活動を維持するための様々な臓器の名称、位置、働きが分かる。	6B(1)アイウエ			■
	31	植物の葉に日光が当たるとでんぷんができること、根、茎及び葉には水の通り道があり、根から吸い上げられた水は主に葉から蒸散していることが分かる。	6B(2)アイ			■
	32	生物は水及び空気を通して周囲の環境とかかわって生きていること、生物の間には食う食われるという関係があることが分かる。	6B(3)アイ			■
	33	土地の構成物や地層の広がりやでき方、火山の噴火や地震などによる土地の変化が分かる。	6B(4)アイウ			■
	34	月の輝いている側に太陽があること、月の形の見え方は太陽と月の位置関係によって変わること、月の表面の様子は太陽と違いがあることが分かる。	6B(5)アイ			■

執筆者および編集委員

執筆者

附属小学校
阿部　　昇
伊藤由美子
稲岡　　寛
木谷　光男
髙橋　健一
武石　康隆

秋田大学
杜　　　威（教授、数学教育学）
藤田　静作（教授、理科教育学）

編集委員

阿部　　昇（委員長）
伊藤由美子
加賀谷英樹
木谷　光男（副委員長）
小室　真紀
髙橋　健一
湊　　弘一

秋田大学教育文化学部附属小学校
1874（明治7）年に太平学校附属小学校として創立。その後、秋田県尋常師範学校附属小学校、秋田大学秋田師範学校附属小学校、秋田大学教育学部附属小学校等を経て、現在に至る。
戦後は、石山脩平氏、務台理作氏、上原専禄氏、海後宗臣氏ほかを講師として、1951（昭和26）年から現在まで公開研究協議会を毎年開催している。校歌は、石森延男氏の作詞、下総皖一氏の作曲で1954（昭和29）年に作られた。第1章から第3章まであり、第3章の最後は「平和のはとを守るべし」で締めくくられている。現在、各学年3クラスで全18クラス。教員数は36名。
所在地は、秋田市保戸野原の町13-1

〈編集委員長〉
阿部　　昇（あべ　のぼる）
秋田大学教育文化学部附属小学校校長、秋田大学教育文化学部教授。
専門は教科教育学（国語科教育学）、授業研究。日本教育方法学会常任理事、全国大学国語教育学会理事、秋田県検証改善委員会委員長。著書は『文章吟味力を鍛える―教科書・メディア・総合の吟味』（明治図書）『頭がいい子の生活習慣―なぜ秋田の学力は全国トップなのか』（ソフトバンククリエイティブ）他。

秋田大学教育文化学部附属小学校・授業改革への挑戦
　―新学習指導要領を見通したあたらしい提案　算数・理科編

2010年6月11日　初版第一刷発行

著　者　秋田大学教育文化学部附属小学校
発行者　斎　　藤　　草　　子
発行所　一　　莖　　書　　房
〒173-0001　東京都板橋区本町37-1
電話 03-3962-1354
FAX 03-3962-4310

組版／四月社　印刷・製本／モリモト印刷
ISBN978-4-87074-166-9 C3037

秋田大学教育文化学部附属小学校
授業改革への挑戦

新学習指導要領を見通したあたらしい提案

［校長・編集委員長　阿部　昇］（全4冊・A5判並製）

国語編　　　　　　　　　　　　　　定価：本体2000円＋税

1. 「吟味よみ」ですっきり解明！「動物の体」(増井光子)：5年生　熊谷　尚
2. 新聞記事の秘密を解読する―水族館GAOのあざらし：5年生　湊　弘一
3. 描写から読み深める「やまなし」(宮沢賢治)の世界：6年生　小室　真紀
4. 「詩とことば」のおもしろさ―「春のうた」(草野心平)：4年生　熊谷　尚

〈秋田大学教員による授業解説〉　　　　　阿部　昇／成田　雅樹

社会科編　　　　　　　　　　　　　定価：本体1800円＋税

1. 子どもたちの地域を見る目を育てる―秋田市：3年生　加賀谷英樹
2. 自分自身を見つめる歴史学習―頼朝・時宗・義満・義政：6年生　津島　穣
3. 食の安全や食料生産の在り方へのアプローチ：5年生　津島　穣

〈秋田大学教員による授業解説〉　　　　　井門　正美／外池　智

算数・理科編　　　　　　　　　　　定価：本体2000円＋税

1. 数学的表現をもとに数学的思考力を深める―小数：4年生　稲岡　寛
2. 問う心がわき起こる算数の授業―体積：6年生　伊藤由美子
3. 量と感覚を大事にする算数の授業―単位量当たり：6年生　伊藤由美子
4. 実感を伴った理解を促す―体が動く仕組み：4年生　髙橋　健一
5. 問題解決の楽しさと学びの価値を実感―物の溶け方：5年生　武石　康隆

〈秋田大学教員による授業解説〉　　　　　杜　威／藤田　静作

音楽・図工・体育編　　　　　　　　定価：本体2000円＋税

1. 歌でえがこうジブリの世界―「天空の城ラピュタ」：6年生　佐々木裕子
2. 子どもが広げていく図画工作―おめんでへんしん：2年生　進藤　亨
3. 「動きかたのカン」を養う―ハンドボール：3年生　木谷　光男

〈秋田大学教員による授業解説〉　　佐川　馨／長瀬　達也／佐藤　靖

一莖書房　〒173-0001 東京都板橋区本町37-1
TEL:03-3962-1354　FAX:03-3962-4310